Umschlagmotiv: Bahnviadukt von Solis

Herausgeber: Polyglott-Redaktion
Autorin: Béatrice Gaudenzi
Lektorat: Dorothee Kern, Gertraud M. Trox
Bildredaktion: Christiane Reiß
Art Direction: Illustration & Graphik Forster GmbH, Hamburg
Karten und Pläne: Sybille Rachfall
Titeldesign-Konzept: V. Barl
Realisation: Studio Wolf Brannasky

Wir danken Schweiz Tourismus, Frankfurt/Main, St. Gallerland Tourismus, St. Gallen, und Graubünden Ferien, Chur, für die uns bereitwillig gewährte Unterstützung.

Ergänzende Anregungen, für die wir jederzeit dankbar sind, bitten wir zu richten an:
Polyglott-Verlag, Redaktion, Postfach 40 11 20, D-80711 München.
E-Mail: redaktion@polyglott.de oder PolyRed@AOL.com.

Surfen online mit Polyglott: http://www.polyglott.de
und bei AOL unter dem Kennwort „Polyglott".

Zeichenerklärung

- Information
- Öffnungszeiten
- Telefonnummer
- Faxnummer
- Hotel
- $$$ DZ pro Person ab 150 sfr
- $$ 80–150 sfr
- $ bis 80 sfr
- Restaurant
- $$$ Menü ab 70 sfr
- $$ 40–70 sfr
- $ bis 40 sfr

Routenpläne

- Route mit Routenziffer
- Autobahn, Schnellstraße
- sonstige Straßen, Wege
- Staatsgrenze, Landesgrenze
- National-, Naturparksgrenze

Stadtpläne

- Durchgangsstraße
- sonstige Straßen
- Fußgängerzone
- Fußweg

Erste Auflage 1998

Redaktionsschluss: August 1998

Printed in Germany
Gedruckt auf chlorfrei gebleichtem Papier
ISBN 3-493-62746-7

Polyglott-Reiseführer

Graubünden
Ostschweiz

Béatrice Gaudenzi

Polyglott-Verlag München

Allgemeines

Städtebeschreibungen

Routen

Routen

Editorial

Die landschaftliche und kulturelle Vielfalt Graubündens und der Ostschweiz ist europaweit wohl einzigartig, sie zu entdecken ein überraschendes, zuweilen etwas verwirrendes, aber dennoch großartiges Erlebnis. Das Bergland im Osten der Schweiz ist voller Kontraste: Eisfelder als Kulisse südlich heiterer Weinorte, perfekt durchorganisierte Ferienorte umgeben von unberührten Landschaften, wo sich der harte Alltag der Bergbauern seit Jahrhunderten gleicht – von lieblicher „Heidi-Welt" nicht die Spur. Viele Maler, Architekten, Schriftsteller und Musiker haben es genial verstanden, diese Gegensätze in ihre Werke aufzunehmen und ein Bewusstsein für die Werte der Natur zu fordern und zu fördern. Insbesondere im Bereich der Architektur setzen manch ungewöhnliche Bauten besondere Akzente.

Auch die Eidgenossen schwärmen von den Bündnern mit ihrem charmanten Dialekt, der Kanton gilt als Idylle schlechthin ... Und doch leben viele Bündner nicht mehr in ihrer Heimat – die größte Kolonie ist in Zürich anzutreffen. Aus vielfältigen Gründen: Zum einen sind die Ausbildungsmöglichkeiten in Graubünden beschränkter, zum anderen – so sagt man – werden echte berufliche Karrieren im Unterland gemacht, wie die Bündner den Rest der Welt nennen.

Während Reisende die Dramatik der Täler und die Heimeligkeit der Dörfer bewundern, macht so manchem, der hier aufwuchs, die Enge zu schaffen. Erst fern der Heimat entdecken viele Bündner ihre Verbundenheit mit der Landschaft und den Menschen. So kehren sie gerne zurück, und sei es auch nur an Wochenenden. Lassen auch Sie sich von der unbeschreiblichen Faszination dieser Gegend anstecken!

Eines der schönsten Täler der Schweiz: das Oberengadin

Wohnkultur in Guarda

Die Autorin

Die gebürtige Bündnerin **Béatrice Gaudenzi** ist ihrer Heimat nach wie vor sehr verbunden, auch wenn sie inzwischen in Zürich lebt. Nach einer mehrjährigen Tätigkeit beim Verkehrsverein von Graubünden arbeitet sie seit einigen Jahren als Redakteurin und übernimmt auch Reiseleitungen durch das Land der 150 Täler.

Mit dem Süden liebäugeln

Graubünden ist eines der großen Bollwerke in den Alpen, welches von Maienfeld im Rheintal bis fast nach Bellinzona reicht. Schieben sich auch die Berge wie ein Riegel zwischen Bodensee und die oberitalienischen Seen, so waren die Pässe der Region dennoch wichtige Verbindungswege, wo sich auch die kulturellen Strömungen des Nordens und Südens trafen und beeinflussten – ganz wie das Mittelmeerklima einige Täler wärmt und eine südliche Flora gedeihen lässt.

Lage und Landschaft

Graubünden, der größte der 26 Schweizer Kantone, ist wohl der vielseitigste. Zu Recht nennt man ihn die Schweiz im Kleinen: Im Bündner Rheintal reifen Kiwis und gehaltvolle Weine, weite Esskastanienwälder überziehen das Bergell, im Misox wiegen sich die ersten Palmen, das Klima des Puschlav läßt schon Feigen und Mandeln wachsen, während an der Bernina, dem einzigen Viertausender, das ewige Eis glitzert. 90 % der Kantonsfläche liegen über 1200 m, rund 30 % sind wirtschaftlich nicht nutzbar.

Die eher hügelige Landschaft des Kantons **Appenzell,** der sich im Norden an Graubünden anschließt, vermittelt mit ihren herausgeputzten Dörfern das Bild einer ländlichen Idylle – Szenen, wie man sie sonst nur auf Gemälden der naiven Künstler findet. Im Süden durch die wuchtigen Felsen des Alpsteins mit seiner höchsten Erhebung, dem Säntis (2501 m), begrenzt, öffnet sich das Appenzeller Land gen Norden zum Bodensee hin. Abgesehen von St. Gallen, dem industriellen Zentrum der Ostschweiz, ist die Region bis heute weitgehend Agrarland geblieben.

Klima und Reisezeit

In alpinen Regionen wie in der östlichen Schweiz muss man beim Wetter auf alles vorbereitet sein, selbst im Sommer ist es sehr wechselhaft. Zeigt das Thermometer im August in Chur oder anderen Talorten angenehme 25 °C an, kann es in den Bergen durchaus zu Schneefällen kommen.

Als eindeutige Wetterscheide wirkt sich der Alpenhauptkamm auf der Linie San Bernardino–Flüelapass aus. Nördlich dieses Riegels wird das Klima von den atlantischen Strömungen bestimmt, die Sommer sind mäßig warm und oft niederschlagsreich, die Winter eher streng. Die Südtäler dagegen profitieren bereits vom milden Mittelmeerklima, das ab Mai schon sommerliche Temperaturen um 20 bis 25 °C und viel Sonnenschein bringt. Hier verteilen sich die Niederschläge überwiegend auf das Frühjahr und den Herbst.

Eine Ausnahme bildet das Engadin: Diese inneralpine Region kennzeichnet relative Trockenheit und viele Stunden Sonnenschein, sibirische Kälte im Winter, aber auch hohe Temperaturen im Juli oder August.

Eine für den Alpenraum typische Erscheinung ist der Föhn, der sich nicht nur auf das Wettergeschehen, sondern auch auf so manches Gemüt auswirkt. Bei Föhnwetterlagen regnet es südlich des Alpenhauptkammes teilweise sehr heftig, während im nördlichen Alpenvorland und in den Bergtälern ein stürmischer, trockener Wind weht.

Die beste **Reisezeit** für Rundfahrten und Wanderungen ist von Juni bis Anfang Oktober, die Täler sind weitgehend schneefrei, die Alpenpässe ab Mitte/Ende Juni alle geöffnet. Juli und August sind auch die bevorzugten Ferienmonate der Schweizer, sodass sich für diesen Zeitraum Vorausbuchungen empfehlen. Wintersportler kommen in den höher gelegenen Orten wie Davos, Arosa oder im Engadin von Dezember bis April auf ihre Kosten.

Natur und Umwelt

Die besonders artenreichen Wiesen und die Wälder mit Arven, Lärchen, Föhren und Fichten einerseits und Laubbaumarten andererseits erklären sich durch die geologische und klimatische Vielfalt. Die mannigfaltige Fauna steht der Flora nicht nach. Ein wahres Paradies für Tiere und Pflanzen ist der *Schweizerische Nationalpark* (s. S. 54). Hirsche, Steinböcke, Murmeltiere, Bartgeier und Tannenhäher sowie zahlreiche andere Tierarten haben dort einen angemessenen Lebensraum, zudem gedeihen im Nationalpark 600 Pflanzenarten, u. a. das seltene pelzige Edelweiß, der leuchtend gelbe Bündner Alpenmohn und die roten Alpen-Bärentrauben.

Problematisch für große Teile Graubündens ist die fortschreitende Erschließung und Zersiedelung. Trotz strenger Schutzmaßnahmen wird nur ein Umdenkprozess schlussendlich verhindern, dass das größte, auch touristische Kapital, nämlich die Landschaft, nicht weiter überstrapaziert wird.

Menschen und Sprachen

Mit rund 190 000 Einwohnern ist Graubünden der Schweizer Kanton mit der niedrigsten Bevölkerungsdichte, und zwar 27 Einw./km². Selbst das ländlich strukturierte Appenzell Innerrhoden ist mit 83 Einw./km² weitaus dichter besiedelt (Schweiz: 172 Einw./km²). Die größte Gemeinde, Chur, zählt 33 000 Einwohner, Portein im Domleschg, die kleinste, 30 Einwohner. Chur hat im Vergleich zu anderen Städten den höchsten Anteil an jungen Bewohnern, während in den Bergdörfern die Abwanderung und infolgedessen auch die Überalterung zunimmt – ein typisches Problem der Bergregionen. In den letzten 20 Jahren blieb allerdings die Gesamteinwohnerzahl unverändert.

Der Ausländeranteil spielt in der östlichen Schweiz keine so große Rolle wie beispielsweise im Tessin oder in Genf.

Klima und Reisezeit

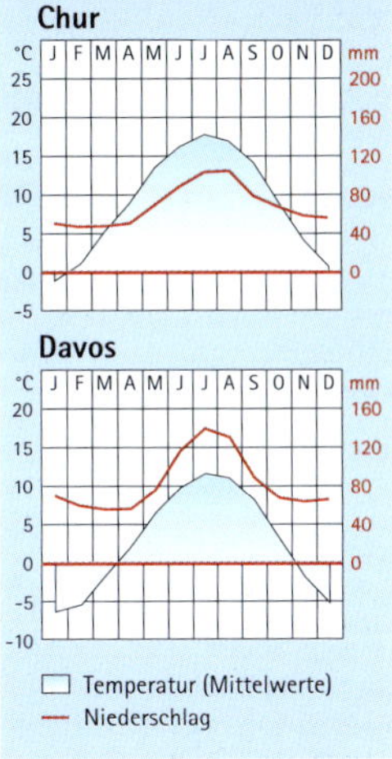

Seltene Pflanzen gedeihen im Alpengarten auf der Schatzalp

In Graubünden beträgt er 17 %, in den beiden Appenzeller Halbkantonen zwischen 11 und 15 % (Schweiz: 19 %). In dieser Statistik mit erfasst sind die ausländischen Saisonkräfte, die vorwiegend im Tourismus und im Baugewerbe beschäftigt sind.

Die Konfessionen, katholisch und protestantisch, halten sich die Waage. Eine Ausnahme macht das Appenzell: Appenzell Innerrhoden ist mehrheitlich katholisch, Appenzell Außerrhoden dagegen protestantisch.

Eine schillerende Sprachengeographie prägt den Kanton Graubünden. 65 % der Bevölkerung sprechen deutsch, 18 % rätoromanisch, 11 % italienisch, 6 % andere Sprachen. Die Folge: drei Amtssprachen. Die meisten Bewohner leben auch mehrsprachig, denn wenn deutsch sprechende Bündner sich in einem italienisch- oder romanisch sprachigen Tal ansiedeln, müssen sie sich zwangsläufig auch die lokale Sprache aneignen.

Die Römer waren die Gründerväter des *Rätoromanischen,* das sich in fünf regionale Idiome untergliedert. Seit zehn Jahren existiert das *Rumantsch Grischun,* ein Standardromanisch. Konzipiert von einem Nicht-Bündner, Professor Heinrich Schmid, setzt es sich in der Praxis jedoch kaum durch. Man bleibt eben lieber beim vertrauten Idiom. Von Kanton und Bund wird die Pflege des Rätoromanischen, der seit 1938 vierten Schweizer Landessprache, finanziell stark unterstützt. Vor allem die Organisation „Lia Rumantscha" hat die Anliegen der Rätoromanen zur gesamtschweizerischen Angelegenheit gemacht. Der Sprachen- und Kulturpflege dienen auch die rätoromanischen Radio- und Fernsehprogramme der schweizerischen Radio- und Fernsehgesellschaft SRG und nicht zuletzt die seit 1997 erscheinende rätoromanische Tageszeitung „La Quotidiana".

Auch die italienisch sprachigen Bündner haben ihre Vereinigung, die „Pro Grigioni Italiano" (s. S. 69), ebenso pflegen die Walser (s. S. 88) Tradition und Sprache ihrer ursprünglich aus dem Wallis zugewanderten Vorfahren.

Steckbrief

Kantone: Graubünden, Appenzell Innerrhoden, Appenzell Außerrhoden, St. Gallen

Gesamtfläche: 8206 km², landwirtschaftliche Nutzfläche ca. 44 %

Bevölkerung (1996):
Graubünden 190 000 Einw.;
Appenzell ges. 68 100 Einw.;
St. Gallen 390 000 Einw.

Städte: Chur 33 000 Einw.;
St. Gallen 72 000 Einw.

Sprachen: 65 % Deutsch,
18 % Rätoromanisch, 11 % Italienisch, 6 % andere Sprachen

Wirtschaft

Auch wenn Graubünden eher die Vorstellung einer landwirtschaftlich geprägten Region weckt, hat sich der *Tourismus* zum wichtigsten Wirtschaftszweig entwickelt. Die Einnahmen aus dem Fremdenverkehr sichern direkt oder indirekt jedem zweiten Bewohner des Kantons sein Einkommen. Rund sechs Millionen Gäste besuchen jedes Jahr die „Ferienecke der Schweiz" (so das Motto der Tourismusindustrie), etwa die Hälfte kommen aus dem Ausland. Die Übernachtungszahlen sind jedoch, wie in den meisten touristischen Gebieten der Schweiz, auch in Graubünden rückläufig.

Neben dieser Tendenz hat die wachsende Berücksichtigung landschaftserhaltender Maßnahmen zu einem Umdenken in Richtung sanftem Tourismus geführt. Man besinnt sich auf die starke Seite Graubündens: eine relativ intakte Landschaft, eine gute Infrastruktur und ein breit gefächertes kulturelles sowie sportliches Angebot.

Seit ein paar Jahren bestehen Kooperationen mit der krisengeschüttelten *Landwirtschaft*. Ferien auf dem Bauernhof oder die Vermarktung einheimischer landwirtschaftlicher Produkte auf lokalen Märkten und in der Gastronomie eröffnen den Bauern neue Einnahmequellen (s. S. 21). Die noch etwa 10 % in der Landwirtschaft Beschäftigten betreiben überwiegend Viehzucht, weitere Rückgänge versucht man mittels Subventionen zu verhindern. Ansehnliche Erträge bringt der Export von Holz, das dank der großen Waldgebiete, die ein Viertel der Kantonsfläche ausmachen, reichlich verfügbar ist.

Ein nicht zu unterschätzender Faktor sind die Einnahmen der Gemeinden von den Bündner *Wasserkraftwerken*, Immerhin liefern sie 13 % der Stromproduktion des Landes. Die größte Stadt der Schweiz, Zürich, wird vollständig aus Graubünden versorgt.

Der Kanton St. Gallen ist der wirtschaftliche Pol der Ostschweiz. Zahlreiche Industriebetriebe konzentrieren sich in dem sonst eher agrarisch orientierten Gebiet um die Kantonshauptstadt. Am bekanntesten ist die St. Galler Textil- und Stickereiindustrie; sie genießt Weltruf und beschäftigt annähernd 10 % aller Arbeitnehmer im Kanton.

Staat und Politik

Von den 26 Kantonen der Schweiz sind drei in Halbkantone unterteilt, u. a. das Appenzell (A. Innerrhoden, A. Außerrhoden). Die Kantone haben jeweils eine eigene Verfassung und sind weitgehend für das Gemeinwesen zuständig. Die Aufteilung der staatlichen Befugnisse und Verantwortlichkeiten auf Kanton und Gemeinde haben sich bis zum heutigen Tag bewährt. Dies hat zur Folge, dass die Gemeinden politisch weitgehend autonom sind. Während in Graubünden und St. Gallen Abstimmungen in geheimer Wahl erfolgen, entscheidet in Innerrhoden die *Landsgemeinde* (s. S. 42).

Die rätoromanische Sprache wird in Graubünden gepflegt

Die Landwirtschaft prägt das Bild der östlichen Schweiz

Schweiz, Arosa, Graubünden – alle zeigen Flagge

Geschichte im Überblick

Ab 3000 v. Chr. Siedlungen der Stein-, Bronze- und Eisenzeit belegt durch Funde in Chur und im Misox.

15 v. Chr. Die Römer erobern das Gebiet des heutigen Graubünden.

536 Unter den Franken wird Churrätien, das seit 451 einen eigenen Bischof mit Sitz in Chur hat, Teil des Herzogtums Schwaben.

806 Teilung des Gebietes in die Grafschaften Unter- und Oberrätien. Beide kommen im Vertrag von Verdun 843 zum Ostfrankenreich, dem Vorläufer des Heiligen Römischen Reiches Deutscher Nation.

1170 Der Bischof von Chur wird Reichsfürst, daneben bauen weltliche Herren kleine Hoheitsgebiete auf.

13. Jahrhundert Die Freiherren von Vaz siedeln in den Hochtälern Kolonisten aus dem Oberwallis, die Walser, an. Sie machen heute den größten Teil der deutschsprachigen Bündner aus.

Baubeginn des Churer Doms.

14./15. Jahrhundert Die Österreicher versuchen, die Alpenwege und Pässe in ihre Hand zu bringen. Das hat zur Folge, dass 1367 die Stadt Chur und die bischöflichen Untertanen den Gotteshausbund schließen. Im Vorder- und Hinterrheintal formiert sich der Graue Bund gegen die Österreicher. Im Prättigau, im Schanfigg und der Landschaft Davos bildet sich Mitte des 14. Jhs. der Zehngerichtebund. Alle drei Bünde werden 1471 vereinigt.

1497–1499 Im Schwabenkrieg bewähren sich die Bündner als militärische Partner der Eidgenossen gegen den Schwäbischen Bund und das Haus Österreich.

1509 Die drei Bünde kaufen die Herrschaft Maienfeld und erobern **1512** das Veltlin, Chiavenna und Bormio. Das Veltlin bleibt bis 1800 in ihrem Besitz.

1513 Appenzell schließt sich dem Bund der Eidgenossen an.

1523 Johannes Commander, Pfarrer von Chur, predigt die Lehren des Reformators Zwingli. St. Gallen und Graubünden treten dem neuen Glauben bei. Die Reformation führt zu Machtkämpfen zwischen den führenden Familien und den Anhängern von Frankreich und Habsburg (Bündner Wirren).

1620 Die Religionsstreitigkeiten gipfeln im Veltliner Mord, bei dem über 600 Protestanten getötet werden.

17. Jahrhundert Mehr und mehr gerät das Land in den Sog des Dreißigjährigen Krieges. Jürg Jenatsch, zunächst protestantischer Pfarrer im Veltlin, später Politiker, der erst mit den Franzosen, dann mit den Habsburgern sympathisiert, tritt 1635 zum Katholizismus über. Zwei Jahre danach gelingt es Jenatsch die Franzosen zu vertreiben. Seine Ermordung 1639 hatte vermutlich politische Motive. 1648 wird die Eidgenossenschaft als selbstständiger Staatenbund anerkannt und scheidet aus dem Reich aus.

1755–1767 Fürstabt Cölestin II. lässt in St. Gallen die zweitürmige bischöfliche Barockkathedrale bauen.

1797–1803 Die Bündner verlieren das Veltlin während der Napoleonischen Kriege. 1803 diktiert Napoleon den Anschluss Graubündens an die Eidgenossenschaft, Chur wird Kantonshauptstadt.

19. Jahrhundert Um 1800 setzt im Kanton St. Gallen die Industrialisierung ein. Mit dem Bau der Bahnlinie Rorschach–Chur wird Graubünden 1858 an das schweizerische Eisenbahnnetz angeschlossen. Die Rhätische Bahn eröffnet 1889 ihre erste Strecke zwischen Landquart und Klosters. Die zahlreichen neuen Bahnstrecken, vor allem die Eröffnung der Gotthardlinie 1882, bringen den bis dahin einträglichen Verkehr über die Pässe jedoch fast zum Erliegen. Seit Mitte des 19. Jhs. entwickelt sich aber ein neuer Wirtschaftszweig in Graubünden, der Fremdenverkehr; im Engadin, in Davos und Arosa entstehen prächtige Hotelbauten. 1898 wird in St. Gallen die Hochschule für Wirtschafts- und Sozialwissenschaften gegründet. Sie ist eine der ältesten europäischen Hochschulen ihrer Art.

1900–1925 Fahrverbot für Autos in Graubünden.

1928 Erste Olympische Winterspiele in St. Moritz; ein zweites Mal finden sie dort 1948 statt.

1938 Rätoromanisch wird als vierte Landessprache in der Schweiz anerkannt.

1967 Eröffnung des San-Bernardino-Tunnels.

1968 Chur führt als erste Bündner Gemeinde das Frauenstimm- und wahlrecht ein.

1991 Die Schweizer Eidgenossenschaft feiert ihr 700jähriges Bestehen.

1992 Ein Bundesgerichtsentscheid zwingt den Kanton Appenzell Innerrhoden als letzten Schweizer Kanton, den Frauen das Stimm- und Wahlrecht zuzugestehen. Die Mehrheit der Ostschweizer lehnt in einer Volksbefragung den Beitritt zum Europäischen Wirtschaftsraum (EWR) ab.

1997 Der 19 km lange Vereina-Tunnel wird durchbrochen. Er verbindet Klosters mit Lavin im Unterengadin und gilt als der längste Meterspurtunnel der Welt.

Im Kanton Appenzell Außerrhoden wird die Landsgemeinde abgeschafft, während Innerrhoden noch an dieser Tradition festhält.

Jürg Jenatsch (1598–1639), Pfarrer, Abenteurer und Politiker

Die Rhätische Bahn, Wahrzeichen Graubündens

Rätoromanisch ist seit 1938 vierte Landessprache in der Schweiz

Kultur gestern und heute

Geben die prähistorischen Menhire bei Falera den Historikern noch Rätsel auf, so lässt sich die Siedlungs- und Kulturgeschichte der Ostschweiz seit der Römerzeit gut verfolgen. Immer spielte die Durchgangsfunktion der Region eine vorrangige Rolle bei der Verbreitung der Kunststile, die Landschaft inspirierte die Kunstschaffenden in ihrer Themenwahl.

Architektur

In Graubünden gab es bereits um die Jahrtausendwende mehr als 200 Kirchen. Zwei große Klöster, Kloster Disentis, 750 gegründet, und Müstairs Kloster St. Johann Baptist, das etwa um 785 ins Leben gerufen wurde, zeugen vom Reichtum und der frühen Macht des Klerus.

Die bäuerliche Architektur, abgestimmt auf Klima und Landschaftsform, vertritt das **Engadiner Haus.** Durch eine kleine Tür, die in das große, zweiflügelige Eingangstor eingelassen ist, gelangt man in die Eingangshalle, den *sulèr.* Seine überraschende Geräumigkeit erklärt sich aus der Notwendigkeit, dass er hoch beladenen Heuwagen Platz bieten muss. Der *sulèr* trennt die Wohnräume vom Stall.

Der Wohntrakt besteht im Erdgeschoss aus der Stube *(stüva),* der Küche *(chadafö)* und der Speisekammer *(chaminada).* Im ersten Stock befinden sich die Schlafkammer *(chombra),* die von der Stube her über eine kleine Ofentreppe zugänglich ist, und die Kinderzimmer. Auf der anderen Seite des *sulèr* ist im Erdgeschoss der Viehstall, darüber der Heuboden. Die äußere Form des Hauses wird bestimmt von dickwandigen Mauern mit eingeschrägten Fensterlaibungen, sodass trotz kleiner Fensterflächen viel Licht ins Innere dringen kann.

Die Mauerkanten, Fensterumrahmungen, das Tor und den Giebel schmücken oft Sgraffitoverzierungen. Außerdem prangt an der Giebelwand in Stein gehauen das Familienwappen, Inschriften weisen auf das Datum des ursprünglichen Hausbaus oder einer Renovierung hin.

Im Unterengadin, vor allem in Sent, Ardez und Guarda, geben die stattlichen Wohnhäuser mit den eindrucksvollen Sgraffitodekorationen den Orten viel Eleganz. Bei der aus Italien stammenden Dekorationstechnik wird auf einen dunklen Verputz ein weißer aufgetragen und dann durch Auskratzen (ital. graffiare) das Ornament he-rausgearbeitet. Manche Verzierungen sind auch aufgemalt. Bereits 1467 tauchte

Die neuen Bauten

Eigentlich dauern die Kontroversen zwischen fortschrittlicher und konservativer Bauweise in Graubünden schon beinahe ein Jahrhundert. In diese Zeit fällt auch die Gründung des Schweizer Heimatschutzes, der sich die Erhaltung alter Bausubstanz zur Aufgabe gemacht hat.

Mit dieser Behörde hatte der Architekt **Rudolf Olgiati** seine liebe Müh und Not. Sein besonderer Baustil, den er vehement verteidigte, ist geprägt von Le Corbusier. Die massig geformten und dennoch eleganten weißen Häuser in Flims heben sich deutlich ab von der neuen Pseudoalpenarchitektur.

Im Gegensatz zu ihm versteht sich der Haldensteiner **Peter Zumthor** als Vertreter eines zeitgenössisch-funktionalen Stils. Sein künstlerisches Schaffen ist von der Minimal Art beeinflusst, durch ihre Schlichtheit und einfachen Formen bestechen seine Bauten. 1996 erhielt er den renommierten deutschen diese Technik erstmals in Graubünden auf, und bis heute verstehen sich manche Maler darauf.

Wohlstand und Repräsentationsbedürfnis förderten insbesondere in den im letzten Jahrhundert aufblühenden Kur- und Ferienorten des Engadins den Bau aufwändiger Villen, Sanatorien und Hotels, deren Architekten sich nach Gusto bei den unterschiedlichsten Stilen der Vergangenheit bedienten. Einige der gut erhaltenen Belle-Époque-Bauten haben nichts von ihrer Aura verloren, genießen die Gäste dort wie ehedem die Großzügigkeit der Räume und die liebevolle handwerkliche Ausgestaltung der Inneneinrichtung. Kein Schnörkel zu viel oder zu wenig.

Im Appenzeller Land, besonders im Ort Appenzell, fallen die für diese Gegend charakteristischen Holzhäuser mit den bemalten Täferfassaden auf.

Typisches Engadiner Haus mit Sgraffitodekorationen

Erich-Schelling-Architekturpreis. Zwei Beispiele seines nüchternen und dabei der Landschaft angepassten Verständnisses von Bauen sind die turmartige Holzkapelle Son Benedetg in Sumvitg auf einem ellipitschen Grundriss (s. S. 90) sowie das Thermalbad von Vals (s. S. 89). Bravourös thematisiert es die steinerne Wucht der Alpen.

Die Züricher Architekten **Annette Gigon** und **Mike Guyer** haben Davos mit dem Bau des Ernst-Ludwig-Kirchner-Museums und der neuen Eishalle viel Ansehen gebracht, wenngleich beide Vorhaben unter den Einheimischen ebenso wie bei den zuständigen Behörden höchst umstritten waren.

Als Führer durch die Bündner Gegenwartsarchitektur eignet sich das 1996 erschienene Buch **„30 Bauten in Graubünden"**, Verlag Hochparterre, Chur, von Köbi Gantenbein und Jann Lienhart, das jede Region mit einem besonders sehenswerten Bau vorstellt.

Fassadenschmuck an einem Appenzeller Haus

Unverkennbar ein Bau des Graubündner Architekten Rudolf Olgiati (Flims)

Dass das zeitgenössische Baugewerbe eher eine austauschbare und nicht selten langweilig zu nennende Architektur der Wohnbauten fördert, ist leider auch im Alpenraum nicht zu leugnen. Wer sucht, findet aber außergewöhnliche Bauten (s. S. 14/15).

Bildende Kunst

Die kulturellen Einflüsse von Norden wie von Süden belebten vor allem im Mittelalter und ab der Mitte des 19. Jhs. die bildenden Künste.

Der aus Italien stammende *Giovanni Segantini* (1858–1899) kommt 1886 in die Schweiz. Er malt symbolistisch, ist dem Jugendstil verpflichtet. In seinem berühmten Alpentriptychon „Werden, Sein und Vergehen" fängt er unnachahmlich das Wesen der Engadiner Landschaft ein. Segantinis Atelier kann man in Maloja besuchen, in St. Moritz ist ihm ein Museum gewidmet.

Der größte Bündner Künstler des 20. Jhs. ist *Alberto Giacometti* (1901 bis 1966). Im Bergell geboren, kehrte der in Paris lebende Künstler immer wieder in das raue Tal im Süden des Kantons zurück, um sich die Inspiration für seine Bilder, Zeichnungen und unverwechselbaren Skulpturen zu holen. Seine Werke sind nicht nur in der Ciäsa Granda in Stampa (s. S. 65) oder im Bündner Kunstmuseum Chur (s. S. 28) zu sehen, sondern finden weltweite Wertschätzung. Zur international anerkannten Künstlerdynastie der Giacomettis gehören ferner Albertos Bruder Diego, der Vater Giovanni und dessen Vetter Augusto.

Das Bergell wurde zur Wahlheimat für *Varlin* alias Willy Guggenheim (1900 bis 1977). Ein Teil seiner Künstlerporträts ist ebenfalls in Stampas Ciäsa Granda zu sehen.

Die Bündner Bergwelt inspirierte nicht zuletzt den aus Deutschland stammenden Expressionisten *Ernst Ludwig Kirchner* (1880–1938), die meisten seiner Arbeiten sind in einem eigens für ihn errichteten Museum in Davos ausgestellt. Der in der Surselva lebende Maler *Alois Carigiet* (1902–1985) gilt als realistischer Schilderer seiner ländlichen Umgebung. Weltweit bekannt geworden sind seine hübsch illustrierten Kinderbücher „Schellenursli" und „Flurin und Flurina".

Unter den vielen zeitgenössischen Künstlern sei u. a. *Matias Spescha* aus Trun erwähnt, seine Bilder prägen dunkle Farben und formale Strenge. Auch *Not Vital,* 1949 in Sent im Unterengadin geboren, hat sich international einen Namen gemacht. So besitzt u. a. das Guggenheim-Museum in New York Skulpturen und Zeichnungen von ihm und seine Werke sind eher im Ausland als in Graubünden zu sehen. Typisch für *Robert Indermaur,* den Gesellschaftskritiker, sind seine ironischen Figuren, die an einigen Hauswänden in Chur zu sehen sind.

Die Kunstszene wird außerdem durch Hannes Vogel, Thomas Zindel, Corsin Fontana, Matias Balzer, Kathrin Lüthy, Reto Cavigelli und Miguela Tamò geprägt. Diese Namen sollte man sich merken, denn die Künstler zählen zu den etablierten Vertretern der Bündner Gegenwartskunst.

Das Kunstmuseum in Chur widmet sich regelmäßig der aktuellen Szene, auch verschiedene Galerien in Graubünden zeigen Werke der Avantgarde.

Buchtipp: **„Übergänge",** Kunst aus Graubünden 1936–1996. Eine reich illustrierte Publikation über das neuere Kunstschaffen. Erhältlich im Bündner Kunstmuseum, Chur (s. S. 28).

Literatur

Was Malern, Musikern und Filmern gelingt, nämlich sich jenseits der Landesgrenzen bekannt zu machen, ist für die Literaten weit schwieriger. Eine Ausnahme stellte sicher *Johann Gaudenz von Salis* (1762–1834) dar, denn Franz Schubert wurde auf ihn aufmerksam und vertonte 14 seiner Gedichte.

Der deutsche Schriftsteller *Wolfgang Hildesheimer* (1916–1991) zog 1956 nach Poschiavo, doch wurde sein Werk kaum von seiner neuen Heimat geprägt. *Thomas Mann* (1875–1955) hingegen erhielt durch einen Besuch bei seiner Frau Katia im Davoser Waldsanatorium 1912 entscheidende Eindrücke für seinen Roman „Der Zauberberg". Sieben Jahre verbringt sein Romanheld Hans Castrop in der befremdlichen Atmosphäre bei denen „hier oben", wie er die Davoser nennt.

Alberto Giacometti, einer der bekanntesten Bündner Künstler

Zahlreiche junge Bündner Autoren erlangten nationale Anerkennung, z. B. *Reto Hänny* (geb. 1947) mit seinem Buch „Ruch – Ein Bericht", einer eigenwilligen Aufarbeitung seiner Hassliebe zu Chur. *Flurin Speschas* (geb. 1958) erster Roman „Das Gewicht der Hügel", eine Familien- und Dorfgeschichte, erhielt weithin großen Beifall. 1993 veröffentlichte er unter dem Titel „Fieu e Flomma" den ersten Kriminalroman in Rumantsch Grischun. Erwähnenswert ist ebenfalls das Buch von *Leo Tuor* (geb. 1959) mit dem Titel „Giacumbert Nau, Hirt auf der Greina". Die Geschichte des Titelhelden, eines Schafhüters, und seiner Geliebten Albertina löst manche Täuschung der Bergidylle auf. Als neue Stimme in der Schweizer Literatur gilt *Silvio Huonder* (geb. 1954) mit seinem ersten Roman „Adalina". Er erzählt von seinen Kindheits- und Jugenderinnerungen in einer verschlossenen Churer Gesellschaft der 60er und 70er Jahre.

Robert Indermaurs Figuren begegnet man in Chur

Eine lange Tradition hat die *rätoromanische Literatur*, die von verschiedenen Institutionen in Graubünden unterstützt wird. Die romanischen Literaturtage am jeweils ersten Septemberwochenende in Domat/Ems wurden zu einem wichtigen Forum des Austauschs. Zu den bekanntesten rätoromanischen Schriftstellern der Gegenwart zählen: Andri Peer (1921 bis

Jazzfrühschoppen im Berggasthaus Muottas Muragl

1985), Gion Deplazes (geb. 1918), Clo Duri Bezzola (geb. 1945), Ursicin G. Derungs (geb. 1935) und Luisa Famos (1930–1974, „Gedichte", Arche Verlag).

Musik

Jeder dreißigste Kantonsbewohner ist Mitglied eines der 130 Chöre – im schweizerischen Vergleich ein Spitzenwert, und nicht auch ein Indiz für die Musikalität der Graubündner? Die Chöre spielen eine maßgebliche Rolle in der Pflege der Volksmusik – neben den zahlreiche Kapellen, etwa den „Engadiner Ländlerfründa" und der „Chapella Clavadatsch", die bei vielen Festen auftreten sowie auf Kassetten und CDs zu hören sind.

Unter den wenigen Komponisten klassischer Musik ist *Gion Antoni Derungs* (geb. 1935) zu erwähnen, der Konzerte für Klavier, Violine und Orchester sowie die erste rätoromanische Oper „il cherchel magic" komponiert hat.

Von Wien aus erobert der Bündner *Mathias Rüegg* die Welt des Jazz mit seinem „Vienna Art Orchestra", als Freejazzer international anerkannt ist der Saxophonist *Werner Lüdi.* Diverse Open-Air-Festivals sind die Plattform der Rock- und Popszene mit Bands wie May Day, Blow Job, Fairytale, Hampa and the Flames. In New York, Paris und Graubünden ist *Corin Curschellas* zu Hause. Sie experimentiert mit verschiedenen Musikrichtungen und bringt auf ihren CDs englische, romanische und deutschsprachige Texte mit eindringlicher Stimme zum Ausdruck.

Film

Aus Flims stammt der international bekannte Regisseur *Daniel Schmid* (geb. 1941; s. S. 86). Er verfilmte seine Version der Geschichte von „Jürg Jenatsch" (1987), weitere Produktionen sind „Heute Nacht oder nie" (1972), „Violanta" (1977), „Hors Saison" (1992). Einige Filme hat er in Graubünden gedreht. Bei Schmid sucht man vergebens nach sozialkritischer Milieuschilderung. Vielmehr sprengt er mit filmischen Mitteln die Normalität, es gelingen ihm Werke von beängstigender Intensität, deren Handlung sich in einer übersteigerten Traumwelt abzuspielen scheint. Mit denselben Stilmitteln inszeniert Schmid auch Opern: Rossinis „Guglielmo Tell" in Zürich und „Lulu" von Alban Berg in Genf.

Brauchtum

Vielen Feste und Umzüge zu Jahresbeginn lag der Gedanke des Winteraustreibens zugrunde. So ziehen z. B. am **Chalandamarz** (1. März) im Engadin die Kinder mit Glocken von Haus zu Haus und läuten und singen den Winter aus. In Scuol werden am ersten Sonntag im Februar bei Einbruch der Dunkelheit die *Homs Stroms*, die Strohmänner, in Brand gesteckt.

Die **Schlitteda Engiadinaisa,** ein Umzug von Dorf zu Dorf mit farbenprächtigen Schlittengespannen, sollte einst dazu beitragen, dass sich Männer und Frauen im heiratsfähigen Alter bei den sonntäglichen Ausflügen kennenlernen konnten. Heute hat die Engadiner Jugend weiterhin ihren Spaß an den Fahrten, doch vergnügen sich dabei auch Verheiratete.

Von Mitte Januar bis zum Aschermittwoch leben überall alte **Fastnachtssitten** wieder auf. Mit besonders Furcht erregenden oder witzigen Masken will man die bösen Geister des Winters verbannen, außerdem geben Spielraum, sich mit Ironie oder Spott zu Themen des Alltags auszulassen.

Ein eher außergewöhnlicher Brauch existiert noch in Danis-Tavanasa: das **Scheibenschlagen.** Dabei schleudern am Sonntag vor Aschermittwoch junge Männer nachts glühende Holzscheiben über einen Berghang und hoffen, dass sich ihre Liebeswünsche erfüllen.

Die **Bundesfeier** am 1. August ist traditionell das Fest des Schweizer Volkes und erinnert an das Bündnis der Urkantone, den Rütlischwur von 1291. Es wird mit Ansprachen und Feuerwerken begangen. Eindrucksvoll sind die weithin leuchtenden Höhenfeuer in den Bergen, ursprünglich entfacht, um den Bundesgenossen den Beginn des Aufstands gegen die Vögte anzuzeigen.

Aus heidnischer Zeit stammen die **Silvesterkläuse,** die im Appenzeller Land von Anfang bis Mitte Januar zur Erinnerung an den Neujahrsbeginn des Julianischen Kalenders auftreten. Dabei tragen sie einen Kopfputz aus geschnitzten Holzfigürchen, die Szenen des Appenzeller Alltags zeigen und an Originalität ihresgleichen suchen, dazu noch eine oder mehrere Glocken. Die Kläuse ziehen von Hof zu Hof und singen den sogenannten *Zäuerli*, den wortlosen Appenzeller Jodel.

Es gibt drei Arten von Silvesterkläusen: die hässlichen, die schönen und die schön-hässlichen Wald- oder Naturkläuse. Die Masken dieser Furcht einflößenden Gestalten werden mit Zähnen oder Schädeln von Tieren verziert.

Silversterkläuse läuten im Appenzeller Land das neue Jahr ein

Der Engadin Skimarathon

Feste und Veranstaltungen

Januar: Engadiner Schlitteda; am 13. Januar Silvesterkläuse im Appenzell, Urnäsch.

Februar: L'hom Strom in Scuol; Fasnacht in Chur, Cazis, Domat/Ems und Disentis; Pferderennen in St. Moritz.

März: 1. März – Chalandamarz im Engadin, in Poschiavo, Savognin, Bergün, Schmitten, Müstair; Engadin Skimarathon, Ethno-Rock-Festival in Lenzerheide; Open-Air-Folklorefestival in Klosters; Internationales Hornschlittenrennen in Davos.

April: Alpine Kulturtage in Thusis; Maimarkt in Chur; Landsgemeinde in Appenzell Innerrhoden am letzten Aprilsonntag.

Juni: Open-Air-Kinofestival in Chur; Open-Air in St. Gallen.

Juli: Jazzfestival in Arosa; Engadiner Konzertwochen; Rock-Open-Air in Chapella; Arena-Spektakel: Kultur und Musik in Flims und Laax; Swiss Alpine Marathon in Davos; Engadin Inline Marathon, am ersten Juliwochenende; Swiss Bike-Masters im Prättigau; Drehorgel-Festival in Arosa, Schwingfest in Appenzell.

August: Young Artists in Concert in Davos; Engadin-Surfmarathon auf dem Silser See; Engadiner Sommerlauf Sils–Bever; Concours-Hippique in Zuoz; Mountainbike-Triathlon in Arosa.

September: Internationale Heißluftballonwoche in Flims; Alpabfahrt.

Oktober: Olma (Landwirtschaftsmesse) in St. Gallen.

Dezember: Humorfestival in Arosa.

Capuns und Blauburgunder

Bündner Spezialitäten

In den meisten alpinen Regionen waren Mehlspeisen über Jahrhunderte hin die Grundlage der Ernährung. Ein kalorienhaltiges Graubündner Beispiel sind *Capuns* aus einer Art Spätzleteig mit kleinen Speck- oder Fleischstückchen. Die etwa knödelgroßen Portionen werden in ein Mangoldblatt gewickelt und nach dem Kochen mit zerlassener Butter und geriebenem Käse serviert.

Ähnlich gehaltvoll sind die den Spätzle ähnlichen Puschlaver *Pizzoccheri.* Für die Zubereitung vermengt man Buchweizenmehl, Eier, Wasser und Öl; man serviert sie mit gedünstetem Saisongemüse. *Maluns* heißt die Leibspeise der Bündner. Sie bestehen aus einem Teig mit viel gekochten Kartoffeln und wenig Mehl, weshalb sie auch Königin der Kartoffelspeisen genannt werden. Zu den in der Pfanne gerösteten flachen Kartoffelplätzchen isst man meistens Apfelkompott.

Auch *Gerstensuppe* oder *Schoppa da giotta* zählt zu den Spezialitäten. Man sollte nicht glauben, sie wäre eine Vorspeise, denn die mit viel Gerste, Speck, Gemüse und einem Schuss Sahne zubereitete Suppe stillt samt einer Scheibe Brot selbst den großen Hunger.

Weltbekannt wurde das luftgetrocknete *Bündner Fleisch.* In hauchdünne Scheiben geschnitten schmeckt es als Vorspeise oder zusammen mit Rohschinken zur Brotzeit ganz köstlich. Während es früher auf den Holzbalkonen in der Winterluft etwa drei Monate lang getrocknet wurde, geschieht dies heute das ganze Jahr über in klimatisierten Räumen. Auch kommt das Fleisch weitgehend aus Argentinien. Allein in der Schweiz werden jährlich über 2000 Tonnen Bündner Fleisch verzehrt, eine halbe Million Kilogramm geht zudem in den Export.

Die Churer Spezialität *Beinwurst* aus geräuchertem Schweinefleisch mit Knochen finden Sie gelegentlich in Restaurants. Die echte *Engadiner Wurst,* gewürzt mit weißem Pfeffer, Muskat, Nelken, Zimt, Knoblauch und Rotwein, hingegen sei nur nur vor Ort zu bekommen – behaupten zumindest die Engadiner. Zum Proviant eines jeden Wanderers sollten die guten Bündner *Salsiz* gehören. Sie ähneln der Salami.

Vor allem im Spätherbst werden *Wildspezialitäten* angeboten. Neben Hirsch und Reh steht gelegentlich Gämse auf der Speisekarte. Um Ostern sind *Gitzi* (junge Ziegen) und Lamm sehr gefragt.

Zu Wein und Brot kommt meistens *Käse* auf den Tisch. Heute gibt es eine große Auswahl an Hart-, Ziegen- und Schafskäsen mit dem Etikett „Bündner Bergkäse". Von seinem würzigem Geschmack überzeugt man sich am besten in einer der vielen Dorfkäsereien.

Das für das Puschlav charakteristische *Anisbrot* schmeckt ausgezeichnet zu Käse und Bündner Fleisch und wird in vielen Teilen Graubündens gebacken.

Aus der reichen Palette der *Süßspeisen* sollte man in der Val Müstair und im Unterengadin das *Pan cun paira,* das Birnbrot, versuchen, eigentlich eine Spezialität der Vorweihnachtszeit, die mittlerweile das ganze Jahr über in den Bäckereien erhältlich ist.

Die Bündner Küche hat, nicht zuletzt durch den regen Verkehr über die Alpenpässe, zahlreiche Rezepte übernommen. Die in Italien, Belgien und auch in Frankreich arbeitenden Engadiner Bäcker importierten von dort die Walnüsse, die der *Nusstorte* ihr feines Aroma geben. Diese Leckerei ist eine Kaloriebombe, denn bei der Zubereitung wird an Butter nicht gespart, und für die Füllung benötigt man neben vielen Nüssen reichlich Zucker oder Honig.

St. Gallen ist berühmt für seine Bratwurst. Sie wird hier zum Teil noch nach alten Qualitätsmaßstäben, die die Metzgerzunft im 15. Jh. festsetzte, zubereitet. Eine süße Spezialität sind die *Biber*, eine Art Lebkuchen, die nur die einheimischen Bäckerein verkaufen.

Spezialitäten sind Bündner Fleisch, Rohschinken und Käse

Wein und Wasser

Eine Entdeckung sind die Weine aus der Gegend der Bündner Herrschaft und des Rheintals. Nicht weniger als 26 Rebsorten werden hier angepflanzt, zudem gelten die Winzer als besonders innovativ. Die Hauptrebensorte ist der *Blauburgunder*. Der populäre *Veltliner* stammt dagegen aus dem einst zu Graubünden gehörenden Addatal. Spitzenerzeugnisse erobern langsam, aber sicher die Weinkeller, auch immer mehr Restaurants bieten einheimische Weine sowie köstliche gebrannte „Wasser“, sprich klare Schnäpse, an.

Apropos Wasser: Ganz abgesehen davon, dass man problemlos das Leitungswasser trinken kann, gibt es in Graubünden sieben Mineralwasserquellen, die allerdings nicht alle kommerziell genutzt werden. Die bekanntesten Marken sind das „Valserwasser“ und das „Passugger-Mineralwasser“.

Spitzenweine kommen aus der Bündner Herrschaft

Scarnuz Grischun

Was tun angesichts ständig sinkender Einkünfte in der Landwirtschaft? Aus dieser Situation heraus entwickelten 1992 Bündner Bäuerinnen im Rahmen von Kursen der bäuerlich-hauswirtschaftlichen Beratung den „Scarnuz Grischun“: kulinarische Spezialitäten hübsch verpackt für die Touristen. Und die Aktion erwies sich als Erfolg.

Der mit Stroh ausgelegte Papiersack, enthält – ganz nach den individuellen Wünschen zusammengestellt – z. B. Alpkäse, Hauswurst, Birnbrot, Sirup, Wein, Likör, Konfitüre, Honig, Trockenfrüchte, Teekräuter oder Gebäck. Alle Produkte werden nach alten Rezepten auf der Alp oder auf dem Bauernhof produziert. Allerdings gibt es den Scarnuz Grischun kaum in Geschäften. Am schnellsten gehen die Bestellungen direkt bei den Bäuerinnen, die auch an die Urlaubsadresse liefern.

ℹ *Surselva:* Irma Caveng, Ilanz, ☎ (081) 925 41 35; *Prättigau:* Dorli Roffler, Luzein, ☎ (081) 332 26 64; *Val Schons:* Maya Fravi, Donath, ☎ (081) 661 16 88; *Davos:* Susanne Rüesch, ☎ (081) 413 56 18; *Region Albula/Sursès:* Imelda Margreth, Obervaz, ☎ (081) 384 24 30.

Urlaub aktiv

Wandern – Bergsteigen – Klettern

Graubünden wie auch die Ostschweiz haben ein gut ausgebautes und markiertes Wanderwegenetz. Die einfacheren Wege sind mit einem gelben, anspruchsvollere Routen mit einem rot-weißen Zeichen ausgeschildert. Auch im Winter werden viele Wanderwege geräumt. Ein Paradies für Kletterer sind die Granitzacken des Bergell.

Der Schweizer Alpenclub (SAC) unterhält zahlreiche *Hütten*, die meist nur in den Sommermonaten bewirtschaftet werden und auch Nichtmitgliedern offenstehen. *Bergsteigerschulen* wie z. B. in Davos, Klosters, Disentis, Sils-Maria oder Pontresina bieten geführte ein- oder mehrtägige Touren an.

Für ihre Genauigkeit bekannt sind die *Karten* der Schweizer Landestopographie (Maßstab 1:25 000, 1:50 000), die vor Ort erhältlich sind.

Ein weiteres Erlebnis sind die zahlreichen *Kulturwege* und *Lehrpfade*, wie der Bahnhistorische Lehrpfad am Albulapass zwischen Preda und Bergün (s. S. 50). Im Appenzeller Land kann man – zum Teil sogar barfuß – interessanten Gesundheitspfaden folgen.

ℹ **Graubünden Ferien,** Alexanderstraße 24, CH-7001 Chur,
☎ (081) 302 61 00, 📠 302 14 14;
E-Mail: contact @graubuenden.ch.
Appenzellerland Tourismus,
CH-9050 Appenzell,
☎ (071) 788 96 41, 📠 788 96 49;
E-Mail: willy.raess@tva.ai.admin.ch.

Maultiertrekking

Ein nicht alltägliches Unternehmen sind Wanderungen mit Eseln oder Pferde- und Maultiertrekkings im Ober- und Unterengadin, in der Surselva und in Davos. Tagesfahrten mit der Pferdekutsche kann man in die Val Fex und Val Roseg im Oberengadin sowie in die Seitentäler von Davos und Flims unternehmen.

ℹ In den regionalen Verkehrsbüros.

Radfahren – Mountainbiking

Während man entlang des Bodensees ein ausgesprochen familienfreundliches Radfahrgebiet vorfindet, müssen die Pedalritter für die Ostschweiz wie auch für Graubünden ein bisschen Kondition mitbringen. Zahlreiche Radwanderwege sind markiert, der längste und bequemste verläuft im Engadin (Silvaplana–Zernez), einfach ist ferner die Strecke von Thusis nach Fläsch.

An zahlreichen Bahnhöfen und in vielen Orten kann man Fahrräder (Velos), Mountainbikes, auch Kinderfahrräder oder Kindersitze mieten.

Damit sich Mountainbiker und Wanderer nicht in die Quere kommen, gibt es eigene Wege für die Stollenreifen-Cracks. Eine spezielle Mountainbiking-Karte stellt die schönsten Berg- und Talfahrten mit wichtigen Details vor.

ℹ **Graubünden Ferien** (s. S. 93);
für die Bodenseeregion: **Ostschweiz Tourismus,** Bahnhofstraße 1a,
CH-9001 St. Gallen,
☎ (071) 227 37 37, 📠 227 37 67.

Wassersport

Kanu- und Kajakfahrten auf dem Hinterrhein, Riverrafting auf dem Vorderrhein durch die Rheinschlucht und auf dem Inn sind besonders spannende Unternehmungen. Mehrere Veranstalter bieten organisierte Touren an, z. B. **Eurotrek,** Malzstraße 17, CH-8036 Zürich, ☎ (01) 462 02 02, 📠 462 93 92. Abenteuer verspricht auch eine Canyoningtour durch die landschaftlich großartige Via-Mala-Schlucht, Infos bei **Swissraft,** CH-7017 Flims, ☎ (081) 911 52 50. Surfen und Segeln kann man auf den Oberengadiner Seen, auf dem Davoser See und auf dem Heidsee (Lenzerheide).

Golf

In Höhenlagen zwischen 580 und 1850 Metern kann man in Graubünden dieser Sportart nachgehen. Golfplätze gibt es in Davos, Lenzerheide, Arosa, Samedan, Disentis, Bad Tarasp-Vulpera und St. Moritz, im Appenzeller Land in Gonten. Wintergolf bieten Arosa, St. Moritz, Disentis und Bad Tarasp an. Ausrüstung kann vor Ort gemietet werden.

Mountainbiker finden eigens für sie markierte Wege

Gleitschirm- und Drachenfliegen

Schon nach einigen Kurstagen kann man zum ersten Mal mit einem Gleitschirm von einer Anhöhe hinunterschweben. Drachenfliegen ist ebenso verbreitet, erfordert aber umfangreichere Kenntnisse. Anfängerkurse werden von vielen Schulen angeboten.

Die Rheinschlucht – beliebtes Ziel bei Wassersportlern

🛈 **Schweiz Tourismus,** D-60311 Frankfurt/M., Kaiserstraße 23,
☏ (0 69) 2 56 00 10, Fax 25 60 01 10.

Wintersport

In der gesamten östlichen Schweiz stehen mehr als 40 Skiorte mit 1500 km präparierten Pisten aller Schwierigkeitsgrade zur Auswahl. Zu den Talstationen der Bergbahnen verkehren in der Regel Busse. Über 50 Skischulen bieten Unterricht im Skifahren, Schneesurfen oder Snowboarden, manche auch Wanderungen mit Schneeschuhen an. Spezielle Halfpipes und Hindernisstrecken sind selbst für fortgeschrittene Snowboarder eine Herausforderung.

Gute Windverhältnisse herrschen auf den Oberengadiner Seen

Langläufer und *Skater* finden in Graubünden 870 km präparierte Loipen vor, in der Ostschweiz sind das Appenzeller Land und die Region Toggenburg Langlaufzentren.

Eine klassische *Rodelstrecke* ist die im Winter gesperrte Albulapass-Straße. Tagsüber wie auch nachts bei Flutlicht oder Mondschein kann man die 5 km lange Strecke von Bergün nach Preda hinuntersausen. Die längste Rodelstrecke (11 km) verläuft von den Heubergen nach Fideris im Prättigau.

Prächtiger Blick auf die Bernina von der Diavolezza

Reisewege und Verkehrsmittel

Mit dem Flugzeug

Nächstgelegener internationaler Flughafen für die Anreise nach Graubünden und die Ostschweiz ist Zürich-Kloten, der von den Maschinen der Lufthansa, Austrian Airlines, Crossair und Swissair mehrmals täglich angeflogen wird. Das Gepäck kann mit „Fly Rail Baggage", einem gemeinsamen Angebot der Schweizer Bundesbahn und der Swissair, direkt an den Zielort geschickt werden, bei der Rückreise vom Bahnhof des Urlaubsortes zurück zum Heimatflughafen.

Mit der Eisenbahn

Von Deutschland und Österreich bestehen ICE-, Euro- und Intercityverbindungen mit allen größeren Schweizer Städten. Ab Berlin, Dresden und Hamburg verkehrt täglich ein Nachtreisezug (CityNightLine) nach Zürich. Im Stundentakt fahren die Züge der Schweizer Bundesbahn (SBB), in Graubünden der Rhätischen Bahn weiter an die Zielorte.

Fahrkarten: Das Swiss Travel System (STS) umfasst preisgünstige Angebote für kombiniertes Reisen mit Bahn, Postauto und Schiff. Swiss Pass, Swiss Flexi Pass sowie Swiss Card müssen bereits im Heimatland am Bahnhof oder bei Schweiz Tourismus in Frankfurt/M. oder Wien (s. S. 93) erworben werden.

Einfache Fahrkarten gelten einen Tag bei einer Strecke bis 80 km, sonst zwei Tage, Rückfahrkarten einen Tag (bis 36 km), bzw. zwei Tage (bis 80 km) oder einen Monat. Kinder von 6 bis 16 Jahre erhalten 50 % Ermäßigung.

Swiss Pass: Er bietet unbeschränkte Fahrten auf dem gesamten Netz des Swiss Travel System, inbegriffen sind auch Straßenbahnen und Busse in verschiedenen Städten. Rabatte werden auf den meisten Bergbahnen und auch Schiffen gewährt. Gültigkeitsdauer: 4, 8, 15 oder 30 Tage.

Swiss Flexi Pass: Hier gelten die gleichen Vergünstigungen wie beim Swiss Pass, jedoch nur an drei frei wählbaren Tagen innerhalb von 15 Tagen.

Swiss Card: Sie bietet kostenlose Fahrt von der Grenze bzw. vom Flughafen zum Ferienort und zurück. Für alle weiteren Fahrten (Bahn, Postauto, Schiff) bezahlt man den halben Preis. Gültigkeit: ein Monat.

STS-Familienkarte: Kinder bis 16 Jahre reisen in Begleitung ihrer Eltern kostenlos mit. Gültigkeit: ein Jahr.

i Bahnabteilung Schweiz Tourismus, Frankfurt/M., ☎ (0 69) 25 60 01 36, Fax 25 60 01 38.

Regional-Pass Graubünden: Diese Karte hat sieben oder 15 Tage Gültigkeit, wobei sie an drei bzw. sieben Tagen als Generalabonnement für die Rhätische Bahn gilt, an den übrigen Tagen zu Fahrten zum halben Preis berechtigt. Postautos und Bergbahnen gewähren den Inhabern an allen Tagen 50 % Ermäßigung.

Der *Regional-Pass Appenzellerland-Toggenburg* erstreckt auf das Gebiet vom Bodensee bis zu den Churfirsten und vom Toggenburg bis nach Vorarlberg. Gültig an drei, fünf, sieben oder 15 frei wählbaren Tagen.

Sonderzüge: Die Expresszüge der Rhätischen Bahn („Bernina-Express" von Chur nach Tirano, „Heidiland-Bernina-Express" von Landquart nach Tirano, „Glacier-Express" von St. Moritz nach Zermatt) sind zuschlagspflichtig; eine Platzreservierung ist unerlässlich.

Die Fahrkarten können bei allen Ausgabestellen der Deutschen Bahn, der Österreichischen und Schweizer Bundesbahnen sowie an allen Bahnhöfen der Rhätischen Bahn erworben werden.

Mit dem Postbus

Ein dichtes Netz an Postbusverbindungen erschließt die ganze östliche Schweiz bis in den abgelegensten Winkel. Auskünfte an den Bahnstationen oder Postbüros und bei den örtlichen Verkehrsvereinen.

Mit dem Auto

Als die ersten Autofahrer 1925 nach einem 25-jährigen Verbot in Graubünden herumkurvten, mußten sie sich vorsehen. Nicht selten waren Nägel auf die Straßen gestreut, und Dorfjungen bewarfen die Fahrzeuge mit Steinen. Heute ist jedes noch so abgelegene Tal per Auto zu erreichen.

Für die Einreise in die Schweiz sind die Fahrzeugpapiere, der Führerschein so-

„Wer Anschluss sucht, fährt Postauto"

Meisterleistung „Rhätische Bahn"

Im Eisenbahnbau hat Graubünden schon früh Geschichte geschrieben. Initiator und Gründer des Eisenbahnkomitees, das sich 1886 zusammenschloss und für ein Bahnetz einsetzte, war der in Davos lebende Holländer Jan Willem Holsboer. Unter seiner Leitung und finanziert von einer Aktiengesellschaft wurde die „Landquart-Davos-Bahn", wie sie damals hieß, gebaut. In nur 15 Monaten konnte 1889 das Teilstück Landquart–Klosters fertiggestellt werden, bereits ein Jahr später ging die übrige Strecke bis Davos in Betrieb. Ebenfalls in Rekordzeit, in knapp sechs Jahren, wurde die Verbindung von Thusis durch das schwierige Gelände am Albulapass nach St. Moritz gebaut. Mit nicht weniger als 42 Tunnels und Galerien war die Trassenführung eine technische Meisterleistung, 1904 feierte man die Eröffnung der Albulalinie. 1914 entstand die seinerzeit letzte Stecke zwischen Chur und Arosa.

Die rote Schmalspurbahn ist inzwischen zu einem Wahrzeichen des Kantons geworden und aufgrund der einmaligen Trassenkonstruktionen zählt sie zu den faszinierendsten Bahnen der Schweiz. Auf den 375 Gleiskilometern sind nicht weniger als 485 Brücken und Viadukte sowie 116 Tunnels zu verzeichnen. Sonderzüge wie der **Glacier-Express** (St. Moritz–Zermatt) oder der **Bernina-Express** (Chur–Tirano) und der **Heidiland-Bernina-Express** von Landquart über Klosters/Davos nach Tirano sind seit Jahren ein Renner (und müssen vorreserviert werden).

Nach einer Pause von fast 80 Jahren erweitert die private Rhätische Bahn nun ihr Streckennetz. 1991 begann man mit dem Bau des Vereina-Tunnels (Klosters–Lavin). Die Bauarbeiten für die wintersichere Verbindung zwischen dem Prättigau und dem Unterengadin sollen im Jahre 2000 abgeschlossen sein. Die Kosten für dieses Vorhaben werden mit etwa 587 Mio. sfr veranschlagt, der Bau des gesamten übrigen Netzes um die Jahrhundertwende hat gerade 94 Mio. sfr gekostet.

wie das Nationalitätskennzeichen erforderlich. Für die Benutzung der Schweizer Autobahnen benötigt man eine *Vignette*. Sie kostet 40 sfr und ist vom 1. Dezember bis zum 31. Januar des übernächsten Jahres gültig. Man erhält sie an der Grenze, bei Postämtern, Tankstellen oder bei den Automobilklubs des Heimatlandes.

Verkehrsregeln: Höchstgeschwindigkeit in geschlossenen Ortschaften 50 km/h, außerhalb von Ortschaften 80 km/h, auf Autobahnen 120 km/h. Es besteht Anschnallpflicht. Spikesreifen sind nur vom 1. November bis 31. März zugelassen, auf Autobahnen generell verboten.

Der Alkoholgrenzwert liegt bei 0,8 Promille. Auf Bergstrecken hat der bergaufwärts Fahrende Vorrang; Postautobusse genießen stets Vorfahrt!

Treibstoffpreise: Dieselkraftstoff ist in der Schweiz etwas teurer als in Deutschland oder in Österreich, Benzin meist günstiger. Neben Diesel gibt es nur bleifreies bzw. bleihaltiges Superbenzin. Viele Tankstellen werden mit Geldautomaten (10-, 20- oder 50-Franken-Scheine) wie auch Kreditkartenautomaten betrieben.

Alpenpässe: Folgende Pässe in Graubünden haben Wintersperre, in der Regel von Ende November bis Mitte/Ende Mai: Oberalp, Albula, Lukmanier, Splügen, Umbrail, San Bernardino (Tunnel jedoch offen), Forcola di Livigno. Bernina- und Flüelapass sind je nach Witterungsverhältnissen zeitweise gesperrt.

ℹ Auskunft über den aktuellen *Straßenzustand* unter ☎ 163. *Pannendienst:* Tag und Nacht zu erreichen unter ☎ 140.

Weitere Informationen erteilen auch die Automobilklubs:
Touring-Club der Schweiz (TCS), 9, rue Pierre Fatio, CH-1211 Genf, ☎ (022) 737 12 12, oder
Automobilclub der Schweiz (ACS), Wasserwerkgasse 39, CH-3900 Bern, ☎ (031) 311 77 22.

Hütte oder Himmelbett

Graubünden wie auch die Ostschweiz ist auf Individualreisende eingestellt. Ob Luxushotel, Gruppenunterkunft, Hütte, Ferienwohnung oder Campingplatz – man findet jede Form der Unterkunft. In der Hochsaison (Weihnachten, Juli/August) empfiehlt sich insbesondere für kleinere Betriebe eine Reservierung. Andererseits ist zu berücksichtigen, dass viele Unterkünfte von April (nach Ostern) bis Anfang Mai und von Mitte/Ende Oktober bis Anfang Dezember geschlossen sind.

Hotels

Die meisten Hotels gehören dem Schweizer Hotelierverein (SHV) an, sie sind in fünf Kategorien eingeteilt und dementsprechend mit einem bis fünf Sternen klassifiziert. Die Auswahl reicht vom edlen Jugendstilhotel bis zum rustikalen Gasthof, ganz nach Geschmack und Portemonnaie. In vielen Orten bieten kleine Pensionen und Privathäuser preiswerte Zimmer an. Die Übernachtungspreise beinhalten meistens auch Frühstück, Bedienung und Steuern. Man sollte sich nach Pauschalen und Sondertarifen erkundigen, insbesondere Familien werden Preisnachlässe gewährt. Einige Hotels verfügen über kinderfreundliche Einrichtungen, Betreuung und Programme für den Nachwuchs.

ℹ Schweizer Hotelführer, Unterkunftsverzeichnisse einzelner Regionen, ein Verzeichnis der Landgasthöfe und eine Liste besonders kinderfreundlicher Betriebe u. a. bei **Schweiz Tourismus**, Frankfurt/M., s. S. 93.

Der *Schweizer Invalidenverband*, Frohburgstraße 4, CH-4600 Olten, ☎ (062) 212 12 62, FAX 212 31 05, gibt einen Hotelführer für Behinderte heraus.

Jugendherbergen – Gruppenunterkünfte – Hütten

Die Schweizer Jugendherbergen stehen Gästen jeden Alters offen, die einen gültigen Mitgliedsausweis besitzen. Beim *Verband der Schweizer Jugendherbergen,* Postfach 161, CH-8042 Zürich, ☏ (01) 360 14 14, 📠 360 14 60, kann man ein Verzeichnis aller Häuser bestellen und einen Mitgliedsausweis erhalten, er gibt auch eine Broschüre für Familienferien heraus. Gruppen stehen vielerorts auch spezielle, einfache Unterkünfte mit Mehrbettzimmern zur Verfügung. Angaben dazu sowie auch eine Zusammenstellung aller Hütten des Schweizer Alpenclubs (SAC) enthält ein Verzeichnis von **Graubünden Ferien,** (s. S. 93).

Gut ausgestattet sind die Hütten des Schweizer Alpenclubs

Camping / Caravaning

Die meisten der über 30 Camping- und Caravanplätze in Graubünden sind von Mai bis Oktober geöffnet, einige Wohnwagenplätze auch im Winter.

🛈 **Verband Ost- und Zentralschweizerischer Campingplätze,** CH-8260 Wagenhausen, ☏ (052) 741 42 71, 📠 741 41 57.

Ferien auf dem Bauernhof

Für Familien sind Ferien auf dem Bauernhof (Zimmer und Wohnungen) oder auf einem Maiensäss (Frühlingsbergweide) ideal. Wer es ganz urig haben möchte, schläft im Stroh.

Gemütliche Bleibe in Maloja

🛈 Liste aller Höfe bei **Graubünden Ferien** (s. S. 93), weitere Verzeichnisse bei dem Verein **Ferien auf dem Bauernhof** (Buchungen über die Schweizer Reisekasse, s. u.).

Ferienwohnungen

Über das umfangreiche Angebot an Ferienwohnungen und -häusern geben die regionalen oder lokalen Verkehrsvereine oder die **Schweizer Reisekasse** (Reka), Neuengasse 15, CH-3001 Bern, ☏ (031) 329 66 33, 📠 329 66 01, die beste Auskunft.

Stilvoll übernachtet man im Hotel Fravi in Andeer

*Chur

Seite 31

Lebendige Kultur auf Schritt und Tritt

Graubündens schöne Hauptstadt liegt eigentlich auf dem Weg in die Berge, doch fahren jedes Jahr die meisten Urlauber an der Stadt vorbei – und verpassen viel. Denn es gibt Überraschendes zu entdecken. Ein Bummel durch die idyllischen Gassen zwischen den alten Bürgerpalästen, die kleinen Läden mit so manchen Raritäten, ein Besuch in einem der drei größten Bündner Museen oder einer Kunstgalerie machen Chur und seine Geschichte erlebenswert. Da die Altstadt weitgehend Fußgängerzone ist, lässt man das Auto am besten in einem der Parkhäuser (Arcas, Lindenquai und Stadtbaumgarten) stehen.

Geschichte

Die ältesten Spuren einer Besiedelung reichen fast 5000 Jahre zurück. Räter und Kelten waren die ersten Bewohner. Auf letztere geht wahrscheinlich der Name der Stadt zurück: Im Altkeltischen bedeuten „korja“ und „kora“ soviel wie Sippe oder Stamm. Chur könnte sich aber ebenso vom lateinischen „curia“ (Rathaus) herleiten. Sollten die Einheimischen Recht behalten, dann war das mittelalterliche „koera“ (Herz) der Ursprung des Namens.

284 n. Chr. wird Chur Hauptstadt der römischen Provinz „Raetia prima“, die von Bayern bis zum Lago Maggiore reicht. In der zweiten Hälfte des 5. Jhs. kommt es zur Gründung des Bistums Chur, eines der ersten nördlich der Alpen. Die Bischöfe werden ab dem 12. Jh. Reichsfürsten und Landesherrscher des Heiligen Römischen Reiches Deutscher Nation. 1464 geht die Stadt in Flammen auf. Die um diese Zeit gegründeten Zünfte treten an die Stelle des Adels in der Herrschaft über die Stadt, auch die kirchliche Macht muss Einschränkungen hinnehmen, nicht zuletzt durch die Ausbreitung der Reformation. Aufgrund seiner strategisch günstigen Lage entwickelt sich Chur zu einem wichtigen Warenumschlagplatz. 1803 wird Graubünden Kanton der Schweiz, Chur die Hauptstadt.

Heute ist es eine wohlhabende Stadt, vor allem die Bürgergemeinde, eine Art Genossenschaft, ist sehr vermögend. In ihrem Besitz sind seit 1480 z. B. die Alpweiden, die das Aroser Skigebiet ausmachen. Die Verpachtung der Weiden bringt der Stadtkasse jedes Jahr einen Betrag in Millionenhöhe. Chur ist auch, und das klingt paradox, eine der größten Bauerngemeinden des Kantons mit einem Viehbestand von rund 1000 Kühen. Und noch eine Besonderheit fällt auf: Chur ist einerseits die älteste Stadt der Schweiz, andererseits ist ihre 33 000 Einwohner zählende Bevölkerung die jüngste. Der Anteil der 15- bis 29-jährigen Bewohner liegt bei 30 % und damit deutlich über dem Landesdurchschnitt von 23 %.

Stadtrundgang

Die Churer Altstadt zu erkunden ist ein Leichtes – folgen Sie einfach den **roten und grünen Fußspuren,** die auf die Gehsteige aufgemalt sind, und Sie werden mühelos zu den schönsten Sehenswürdigkeiten gelangen.

Das **Bündner Kunstmuseum** ❶ am Postplatz zählt zu den drei größten Kantonsmuseen. Es widmet sich der Malerei, Bildhauerei und Graphik des 17.–20. Jhs., vor allem aus der Schweiz. Ferner zeigt es Werke der bedeutenden Künstler Angelika Kauffmann, Giovanni Segantini und der Familie Giacometti sowie Bilder des deutschen Ex-

Treffpunkt in der Churer Altstadt: der Arcas-Platz

Spielen:
erlaubt
Rücksicht
danke!

pressionisten Ernst Ludwig Kirchner (s. S. 49). Daneben finden interessante Kunstausstellungen statt. (🕓 Di bis So 10–12, 14–17, Do 10 bis 20.30 Uhr.)

Seite 31

Das **Alte Gebäu** ❷ ist eines der bedeutendsten Herrschaftshäuser in Graubünden. Im 18. Jh. gebaut, gehörte es einem Zweig der einflussreichen Familie von Salis. Hier wie an anderen Gebäuden täuscht die schlichte Fassade. Dahinter verbirgt sich ein anderes, ganz und gar nicht nüchternes Chur: Prächtig ausgestatte Räume mit Stuckdecken und das reich verzierte Treppenhaus lassen erahnen, dass die Besitzer von einst vornehm zu wohnen pflegten – wenngleich sie es nicht nach außen hin zeigen wollten. Derzeit dient das Haus als Gerichtsgebäude, an Wochentagen kann man einen Blick hineinwerfen. An dieser Stelle befand sich einst die „Schenke zum staubigen Huatli". Hier wurde vermutlich Jürg Jenatsch 1639 ermordet (s. S. 12), eine Tafel an der Fassade erinnert daran.

Das heutige **Rathaus** ❸ (Poststraße) war nach dem großen Stadtbrand 1464 als Bürgerhaus entstanden. 1540 kam die in lombardischem Stil erbaute Halle hinzu, ein Beispiel für das Zusammentreffen kultureller Einflüsse aus Nord und Süd. Sie fungierte als Umschlagplatz für Transitgüter und als Pferdewechselstation auf dem Handelsweg über die Pässe, ab dem 18. Jh. als Markthalle. Am Ausgang auf der rechten Seite sieht man eine Besonderheit: Neben einer gotischen Tür ist ein Eisenstab eingemauert, der „Churer Schuh". Er war bis ins letzte Jahrhundert gängiges Längenmaß, das einer Elle (Länge eines Unterarms) entsprach. An der Tür fällt die Abbildung des Bündner Wappentiers, des Steinbocks, auf. Dieses Machtsymbol schmückte schon im 12. Jh. bischöfliche Münzen. Unter Jägern war der Steinbock seinerzeit derart beliebte Beute, dass er im 17. Jh. als ausgestorben galt. Erst seine erfolgreiche Wiederansiedelung zu Beginn des 20. Jhs. erlaubt heute wieder die Steinbockjagd.

Das Modell von Chur in der Rathaushalle zeigt die Stadt im 19. Jh., an der Anlage hat sich seither nicht viel geändert. (🕓 Mo–Fr 8–12, 14–17 Uhr.)

Einer der liebenswerten Treffpunkte der Altstadt ist der **Arcas-Platz** ❹ mit seinen spitzgiebeligen, schmalen Häusern, die dank zahlreicher Sanierungsmaßnahmen der letzten Jahre in neuem Glanz erstrahlen. Die Einheimischen treffen sich hier gerne zu einem Café und beim „Gänggelimarkt" (Flohmarkt; am ersten Samstag im Monat ab 7 Uhr), und im Sommer ist der Platz ideale Freilichtbühne. Geheimnisvoll mutet an der Ostseite das *Bärenloch* an, ein dunkler, enger Durchgang zur Kirchgasse.

Fast alle Gassen der Altstadt treffen an der **Kirche St. Martin** ❺ am *Martinsplatz* zusammen. Das erste karolingische Gotteshaus aus dem 8. Jh. fiel größtenteils dem Brand von 1464 zum Opfer, wurde dann wieder aufgebaut und ist seit 1526 reformierte Stadtkirche. Hier verkündete Johannes Commander ab 1523 den neuen Glauben – sehr zum Leidwesen des Bischofs. Die Südwand zieren drei Glasfenster des Bergeller Malers Augusto Giacometti.

Durch die **Reichsgasse** schob sich im Mittelalter der gesamte Verkehr zwischen Mailand und Bodensee. Die Häuser sind in spätgotischer Manier schmal und hoch aneinander gebau. Die seltene Pechpfanne, die einst übliche Straßenbeleuchtung, hat die 50er Jahre überlebt. Damals ging man wenig behutsam mit der alten Bausubstanz um, doch inzwischen hat Restaurierung Vorrang vor Abriss, oder man versucht, Alt und Neu in Einklang zu bringen. Im Haus Nr. 57 an der Reichsgasse wurde *Angelika Kauffmann* (1741–1807) geboren. Die Tochter eines Voralbergers und einer Churerin erlangte vor allem in London und Rom als Malerin große Anerkennung (s. S. 28).

Das im 18. Jh. errichtete **Graue Haus** ❻, jetzt Sitz der Kantonsregierung, war ursprünglich im Besitz der Familie von

Salis. Es besticht durch seine schlichte Form, erst ein Blick ins Innere verrät die Wohlhabenheit der Erbauer. Das Treppenhaus ist aus dem für Chur typischen Scalärastein gearbeitet. Der weiche Kalksteinschiefer, der bis ins 19. Jh. gerne für Türfassungen, Fenstereinrahmungen und Brunnenfiguren verwendet wurde, stammt aus dem Scaläratobel zwischen Chur und Trimmis.

Um die Herkunft des Namens der **Süßwinkelgasse** ❼ ranken sich die verschiedensten Geschichten. Eine besagt, dass es eine angenehme Ecke weit ab von Lärm und Hektik war, eine andere, dass hier die Zuckerbäcker ihre Läden hatten. Die kleinen Innenhöfe und Gärten verleihen der Gasse südländischen Charakter.

Ein reich verziertes Haus, das bereits im 15. Jh. erbaut, aber erst um 1900 bemalt wurde, sticht ins Auge: Churs ältestes Schulhaus (heute Wohnhaus).

Einen sehr lebendigen Überblick über die Kulturgeschichte Graubündens ver-

Herrschaftliche Gebäude säumen die Poststraße

Seite 31

❶ Bündner Kunstmuseum
❷ Altes Gebäu
❸ Rathaus
❹ Arcas-Platz
❺ Kiche St. Martin
❻ Graues Haus
❼ Süßwinkelgasse
❽ Rätisches Museum
❾ Hof
❿ Haldenhüttli
⓫ Weinbaumuseum
⓬ Bündner Natur-Museum

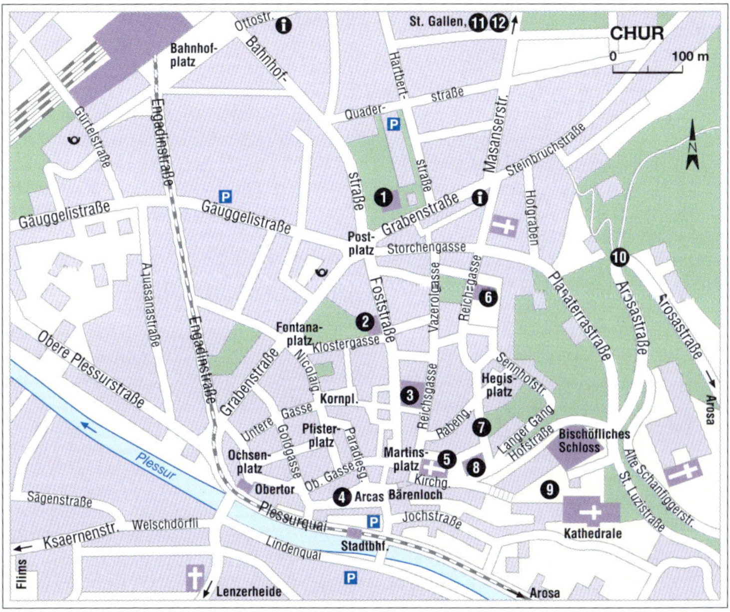

mittelt das **Rätische Museum** ❽, das in einem ehemaligen Herrschaftshaus untergebracht ist. Ausgestellt werden Gebrachsgegenstände, Kunsthandwerk und Schmuck aus dem Mittelalter sowie Gemälde, Münzen, Trachten und Möbel des 16.–18. Jhs. (Hofstraße 1; 🕓 Di–So 10–12, 14 bis 17 Uhr.)

Seite 31

Der hoch über der Stadt liegende **Hof** ❾ – Kathedrale und Bischöfliches Schloss – ähnelt einer Befestigungsanlage. Bis Mitte des 19. Jhs. bildete er eine konfessionelle und politische Enklave, eine Art kleiner Vatikan. Die Besiedelung des Areals geht auf vorrömische Zeit zurück. Als Chur 451 Bischofssitz wurde, entstand eine erste Basilika. Von der im 8. Jh. am selben Ort erbauten Kathedrale blieben einzig die Marmorskulpturen erhalten.

Die heutige ***Kathedrale** stammt aus den Jahren 1150–1272 und weist verschiedenste Baustile auf. Der ausgesprochen asymmetrische Grundriss ist auf die vielfachen Änderungswünsche der Bischöfe während der langen Bauphase zurückzuführen, wobei die beschränkten Platzverhältnisse die ungewöhnliche Lösung erforderten.

Betritt man den äußerlich schlichten Kirchenbau, wird man von der reichen Innenausstattung umso mehr überrascht. Kostbarstes Stück ist der 1486 bis 1492 von Jakob Russ geschnitzte, **Flügelaltar,* der wohl schönste der Schweizer Spätgotik. Unter den Steinmetzarbeiten ragen die vier Apostelsäulen (13. Jh.) am Eingang der Krypta und das gotische Sakramentshäuschen (1484) heraus. Der 1639 in Chur ermordete Bündner Freiheitsheld Jürg Jenatsch (s. S. 12) fand in der Kathedrale seine letzte Ruhestätte. Das **Bischöfliche Schloss** erhielt Mitte des 18. Jhs. eine mit Stuck geschmückte Fassade, der in seiner Dekorationslust beschwingte österreichische Barock gab den Innenräumen Heiterkeit.

In der **Hofkellerei** beim Torturm, einer historischen Trinkstube mit einer spätgotisch getäferten Balkendecke kann man die Weine aus den bischöflichen Rebbergen und Bündner Spezialitäten kosten (☏ 081/252 32 30; Mo geschl.).

Vom Hofkomplex gelangt man auf der Arosastraße nach etwa 300 m zum **Haldenhüttli** ❿. Hier oben schweift der Blick weit über die Stadt bis zum Calanda, dem imposantesten Berg des Rheintals, sowie auf einen Teil der bischöflichen Rebberge.

Haben die heute gerade 10 ha umfassenden Churer Rebberge auch keine wirtschaftliche Bedeutung, so kann die Stadt dennoch von sich behaupten, bis 1875 größte Weinproduzentin der Region gewesen zu sein. Der Rebbau reicht bis in römische Zeit zurück. An diese Tradition erinnert das in einem alten *Torkel* (Weinpresse) eingerichtete **Weinbaumuseum** ⓫ (Ecke Neubruch/ Falknisstr.; 🕓 Juni bis Okt. Mi, So 14 bis 17 Uhr). Nicht, dass hier nur alte Gerätschaften wie die Presse mit dem 14,5 m langen Torkelbaum zu besichtigen wären, köstliche edle Tropfen stehen zum Probieren bereit.

Fauna, Geologie und Mineralogie des Kantons präsentiert in anschaulicher Weise das **Bündner Natur-Museum** ⓬. Einige Exponate wie Felle, Hörner oder Geweihe dürfen sogar in die Hand genommen werden. Die Konzeption des 1977/78 errichteten Gebäudes soll den Aufbau eines Bergkristalls widerspiegeln. (Masanserstraße 31; 🕓 Di–So 10 bis 12, 14–17 Uhr).

Die Stadt am Abend

Chur hat durchaus eine Szene und zu ihren beliebten Treffs zählt die **BarBar,** Poststraße, mit sehr eigenwillig eingerichteten Räumen. Sie bietet eine gute Auswahl an Bieren und ist spezialisiert auf Spirituosen und Drinks.

Wer's dunkel und ein wenig gruselig mag, ist in der **Giger-Bar,** Commercialstraße 23, bestens aufgehoben. 1980 wurde der Churer Kunstmaler und Designer Giger für seine Spezialeffekte im Film „Alien" mit einem Oscar ausgezeichnet, und unverkennbar trägt die Bar, eine der exklusivsten der Schweiz, seine Handschrift. Das **Hotel Drei Könige,** Reichsgasse 18, ist der Treffpunkt für gute Konzerte schlechthin: Jazz, Folk, Blues, Reggae, Rock.

Das avantgardistische Kleintheater **Klibühni,** Kirchgasse 14, bietet anspruchsvolle Eigenproduktionen und Gastspiele.

Im **Stadttheater** an der Grabenstraße, in dem Bertolt Brecht in den 50er Jahren inszenierte, kommt vowiegend leichte Theaterkost auf die Bühne.

Der Hof mit der Kathedrale und dem Bischöflichen Schloss

Seite 31

Praktische Hinweise

ⓘ **Chur Tourismus,** Grabenstr. 5, 7001 Chur, ☎ (081) 252 18 18, FAX 252 90 76; Mo, Di 13.30–18, Mi–Fr 8.30–12, 13.30–18, Sa 9–12 Uhr. *Stadtführungen:* März bis Okt. Mi 14.30 Uhr ab Rathaushalle.

Hotels

Stern, Reichsgasse 11, ☎ 252 35 55, FAX 252 19 15. Sehr schönes, gediegenes Altstadthotel mit viel Tradition; Sammlung alter Pferdekutschen. $$

Freieck, Reichsgasse 44–50, ☎ 252 17 92, FAX 252 34 19. Ruhiges Hotel in altem, renoviertem Gebäude mitten in der Altstadt. $$

Zunfthaus Zur Rebleuten, Pfisterpl. 1, ☎ 257 13 57, FAX 257 13 58. Kleines Hotel mit 12 einfach eingerichteten Zimmern in zentraler Lage. $

Der spätgotische Flügelaltar – kostbarstes Stück der Kathedrale

Restaurants

Stern, Reichsgasse 11, ☎ 252 35 55. Feine Bündner Spezialitäten und Weine. Reservierung empfohlen. $$

Marsöl, Süßwinkelgasse 25, ☎ 252 24 31. Eines der schönsten Gartenrestaurants in der Stadt. Gutbürgerliche Küche und Spezialitätenwochen. Mo geschl. $

Obelisco, Vazerolgasse 12, ☎ 252 58 58. Italienische Spezialitäten, gemütliches Interieur. $

Zum Kornplatz, Kornplatz 1, ☎ 252 27 59. Gutbürgerliche Küche, auch Vegetarisches. So, Mo geschl. $

In der Trinkstube im Hofturm kann man edle Tropfen kosten

Seite 31

Einkaufen

Eines der schönsten Schmuckgeschäfte Graubündens mit wirklich außergewöhnlichen Arbeiten ist das **Goldschmiede-Atelier Konrad Schmid,** Vazerolgasse 2/Storchengasse.

Das Modeangebot in Chur ist zwar groß, aber eher konventionell. Eine Ausnahme bildet **Quattro Stagioni,** Obere Gasse, das eine teure, aber feine Auswahl an Kleidungsstücken von jungen Schweizer Designern führt.

Die besten Wurstspezialitäten aus Graubünden kauft man in der **Metzgerei Schiesser,** Obere Gasse. Auf dem **Wochenmarkt,** von Mai bis Oktober ebenfalls in der Oberen Gasse, bieten jeden Samstag die Bauern aus allen Gebieten Graubündens ihre Erzeugnisse an.

In der **Konditorei und Bäckerei Merz,** Bahnhofstraße 22, wird man süßen Spezialitäten wie Churer Pfirsichsteinen, Churer Röteli-Stengel und Mininusstörtchen kaum widerstehen.

Wer aktuelle Bücher zu Graubünden sucht und gute Beratung wünscht, ist in der **Buch- und Kunsthandlung Schuler,** Gäuggelistraße 11, richtig.

Ausflug

Die Zuglinie Chur–Arosa, die vom Bahnhof Chur wie eine Straßenbahn anfangs mitten durch die Stadt führt, wurde 1914 als letzte Teilstrecke der Rhätischen Bahn (s. S. 25) eröffnet. Zahlreiche Tunnels und Viadukte lösen einander ab, die eindrucksvollste Brückenkonstruktion ist wohl der *Langwiesviadukt.* Von 600 m bis auf knapp 1800 m windet sich der Arosa-Express durch das tief eingeschnittene Tal der Plessur, das **Schanfigg.** Nicht nur die Landschaft beeindruckt, sondern auch die Bahnhofsgebäude – alles stattliche Holzhäuser, von denen jenes in Langwies sogar unter Denkmalschutz steht.

* **Arosa** (2500 Einw.; 1775 m), das Ziel der Reise, wurde im 13. Jh. von Walsern besiedelt. Der Ort wird meist im gleichen Atemzug wie Davos und St. Moritz genannt, denn hier begann ebenfalls um die Jahrhundertwende die touristische Entwicklung. Arosa war damals in erster Linie Luftkurort für Lungenkranke, sein modernes Image als Ferienort kam mit dem Tross der Skiläufer, die am *Weißhorn* (2653 m) nun die Pisten hinunterwedeln. Erholsame Winterwanderwege führen zu bewirtschafteten Hütten.

Mit dem *Humorfestival,* zu dem Mitte Dezember international bekannte Kabarettisten und Kleinkünstler anreisen, hat sich Arosa auch in der Unterhaltungsbranche einen Namen gemacht. Für diesen Anlass wird hinter der Tschuggenhütte direkt im Skigebiet ein Zirkuszelt aufgestellt, sodass man sogar mit den Skiern zu den Vorführungen schwingen kann.

Eine malerische Sehenswürdigkeit ist das Kirchlein von *Inner-Arosa* aus dem 15. Jh., das im Winter mitten zwischen Skiabfahrten liegt. Das ganze Jahr über finden in dem schlichten Holzbau klassische Konzerte statt. (Bus ab Bahnhof bis Gada, dann 300 m zu Fuß).

ℹ **Arosa Tourismus,** 7050 Arosa, ☎ (081) 377 51 51, Fax 377 31 35, E-Mail: arosatourism@spin.ch.

Ⓗ **Waldhotel National,** ☎ 377 13 51, Fax 377 32 10. Sehr schönes, ruhig gelegenes Hotel mit feiner Küche. $$
Alpina, ☎ 377 16 58, Fax 377 37 52. Gemütliches, zentral gelegenes Hotel mit Familienzimmern und Appartements. $
Astoria, ☎ 377 13 13, Fax 377 44 76. Kleines, familär geführtes Hotel. $
Ⓡ **Zum Wohl Sein,** im Hotel Anita, ☎ 377 11 09. In dem Gourmetrestaurant gibt es jeden Abend ein raffiniertes Menü. In Beat Caduffs Weinkeller, der weit über die Weißhornspitze ein Begriff ist, schlummern fast zweitausend verschiedene Weine. $$
Burestübli, im Hotel Arvenwald, ☎ 377 18 38. Das traditionelle Fondue- und Raclettestübli von Arosa. $

St. Gallen

Garn und Geschichte

Seite 37

St. Gallen (72 000 Einw.) ist das kulturelle und wirtschaftliche Zentrum der Ostschweiz. Obwohl die Hochblüte der Textilindustrie längst vorbei ist, werden hier nach wie vor faszinierende Spitzenstoffe gefertigt, die ihren Absatz auf dem Weltmarkt der launischen Mode finden. Das Kloster mit der weltberühmten Stiftsbibliothek gewann der Stadt frühes intellektuelles Ansehen, heute setzt die Universität nicht nur als wissenschaftliche Stätte, sondern auch mit ihrer bedeutenden Sammlung moderner Kunst die Tradition fort.

Im Sommer geht's im Cabriowagen von Chur nach Arosa

Geschichte

Der Stadtname erinnert an den irischen Mönch Gallus, der 612 unweit der heutigen Klosteranlage eine Klause errichtete. Im 8. Jh. entsteht unter Abt Otmar ein Benediktinerkloster, das sich bald zu einer der bedeutendsten Kulturstätten Europas entwickelt. Die Zunftverfassung, die 1350 in St. Gallen eingeführt wird, gibt den sechs Handwerkszünften und der Gesellschaft der Kaufleute fortan das Sagen. Der klerikale Pomp überdauert die Reformation. Erst 1798 gehen mit dem Einmarsch von Napoleons Truppen die Fürstabtei sowie die Stadt und die Republik St. Gallen unter. Das Kloster wird aufgehoben, die Stadt 1803 Hauptstadt des gleichnamigen neuen Kantons. Das seit dem 14. Jh. blühende Leinwandgewerbe, ab dem 18. Jh. dann die Baumwoll- und die Stickereiindustrie, verhelfen der Stadt zu wirtschaftlichem Wohlstand. Die St. Galler Kaufleute verkaufen ihre Stickereien und Stoffe in ganz Europa, später auch in Asien und Amerika. Ihre Wohlhabenheit kommt in prächtigen

Das Weißhorn, Hausberg von Arosa, mit herrlichem Panorama

Weltberühmt sind Stoffe und Stickereien aus St. Gallen

Fabrikantenvillen und Jugendstilbauten zum Ausdruck, die Stadt wächst und zählt Ende des letzten Jahrhunderts etwa 3000 Einwohner mehr als heute. Dank höchster Spezialisierung kann sich die St. Galler Textilindustrie weiterhin weltweit behaupten.

Seite 37

Stadtspaziergang

In St. Gallen ist man am besten zu Fuß unterwegs, denn der größte Teil der Altstadt ist für den Autoverkehr gesperrt. Das ganze Viertel vom historischen Stadtzentrum bis zum Bahnhof entstand um die Jahrhundertwende und war die bevorzugte Geschäftsmeile der Textilkaufleute. Zu Zeiten des wirtschaftlichen Booms leistete man sich die besten Architekten, wie beispielsweise für den überdimensionalen **Bahnhof** ❶ (1911–1913). Das Werk Alexander von Sengers prägte die Entwicklung der Stadt, die bereits Mitte des 19. Jhs. Anschluss an das europäische Eisenbahnnetz hatte.

Auf dem Weg in die Altstadt trifft man in der **St.-Leonhard-Straße 20–22** auf die prächtigsten Jugendstilfassaden der ganzen Stadt. Eindrucksvoll ist der durchgehende Wandfries des Toggenburger Künstlers August Bösch (1857 bis 1911). Er zeigt die griechischen Schicksalsgöttinnen, die Moiren, mit dem Lebensfaden in der Hand. Beide Gebäude waren typische Fabrikantenhäuser. Im Parterre lagerte und verpackte man die Stoffe, im ersten Stock, der Beletage, lagen die Repräsentationsräume und im zweiten Stock wohnte die Familie. Heute residieren im ganzen Haus Banken und Büros.

Das **Textilmuseum** ❷, Vadianstraße 2, war zunächst eine Ausbildungsstätte für angehende Textilzeichner. Die 1867 gegründete Einrichtung wird heute als Fachschule für Textiles Gestalten weitergeführt. 1886 entstand das Museum, das wertvolle alte Stickereien aus dem 14. bis 20. Jh., kunstvolle Spitzen aus ganz Europa und Handarbeitsutensilien ausstellt. Eine wahre Entdeckung ist die *Bibliothek*, die neben Fachliteratur und Zeitschriften auch Musterbücher mit Stoffproben der Maschinenstickerei, des Textildrucks und der Weberei verwahrt. Ein besonderer Service ist die kostenlose *Stoffberatung*, die man jeden ersten Mittwoch im Monat nach telefonischer Anmeldung in Anspruch nehmen kann. (🕓 Mo–Fr 10–12, 14–17 Uhr, April–Oktober auch Sa; ☎ 245 53 79.)

Das **Multertor** markiert den Eingang zur **Altstadt** ❸, nachdem die Stadtmauer Mitte des 19. Jhs. abgerissen wurde. Hier fällt ein weiterer Jugendstilpalast auf, die *Stickereibörse*, heute Sitz einer Bank. Einst präsentierte man in der Börse die neuen Stoffkollektionen. Die Fassade schmückt Hermes, der Gott des Handels. Er blickt nach Westen, aus gutem Grund: Einer der wichtigsten Märkte für die St. Galler Textilien war Amerika. Andere Fassadenmotive sollen die Welterfahrenheit des Bauherren dokumentieren, etwa die Darstellung verschiedener Kulturkreise am *Haus zur Waage* (Ecke Multer-/Neugasse). In Anspielung auf die globalen Geschäftsverbindungen gaben viele Kaufleute ihren Repräsentationsbauten dazu so exotische Namen wie „Atlantic", „Pacific" oder „Oceanic".

Der Hauptstraßenzug der Altstadt, die **Multergasse** mit der sich anschließenden **Spisergasse,** ist noch so angelegt wie im Mittelalter, nämlich s-förmig, um die Fassaden besser zur Geltung zu bringen. Die Häuser gehen auf verschiedene Epochen zurück. Auf den mittelalterlichen Grundmauern errichtete man Fachwerkhäuser, in denen lange die ärmeren Leute wohnten. Um diesen Makel im wahrsten Sinn des Wortes zu übertünchen, verputzte man später die Holzbalken und setzte größere Glasfenster ein. Im 18. Jh. ließen die Kaufleute als Zeichen ihres Wohlsituiertheit die aus Holz geschnitzten und oft reich verzierten Erker anbringen. Ein gutes Beispiel dafür, wie im Laufe der Zeit verschiedene Baustile miteinander verbunden wurden, ist das

Haus zum Pelikan (Schmiedgasse 15). Der überaus prächtige Erker mit der Darstellung von vier Kontinenten zeigt das damalige Weltbild – Australien war Terra incognita. Die Abbildung des hungernden Pelikans, der seine eigenen Innereien verzehrt, soll den Charakter des Hausherrn widerspiegeln.

Fratzenhafte Gesichter zieren den Erker am Haus zur Kugel

Seite 37

Einen anderen Aspekt beleuchtet der Erker des **Hauses zum Schwanen** (Kugelgasse 10). Er ist nicht allein Statussymbol, sondern bringt den Bildungsstand des Kaufmanns zum Ausdruck, etwa mit einer Darstellung von Herkules' Taten. Am Nachbargebäude, dem **Haus zur Kugel,** fallen fratzenhafte Gesichter auf, wie man ihnen auch in anderen Alpenregionen begegnet. Fratzen vertrieben gemäß dem Volksglauben die bösen Geister. Hier haben sie jedoch eine andere Bedeutung: Der Hausbesitzer wollte seinen

❶ Bahnhof
❷ Textilmuseum
❸ Altstadt
❹ Kloster
❺ Kirche St.-Laurenzen
❻ Universität
❼ Tonhalle
❽ Stadttheater
❾ Kunstmuseum
❿ Museum im Lagerhaus

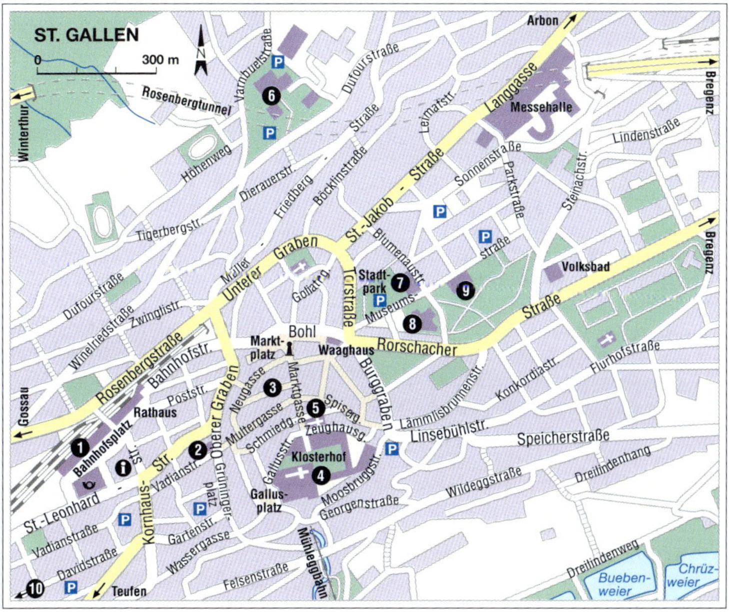

Seite 37

Nachbarn andeuten, dass er sich einen noch schöneren Erker leisten kann.

Höhepunkt des Stadtrundgangs bildet das berühmte **Kloster ❹** mit der *** *Stiftsbibliothek*, die 1983 von der UNESCO in die Liste der Weltkulturgüter aufgenommen wurde. Nach der Reformation war St. Gallen eine zweigeteilte Stadt: auf der einen Seite die katholischen Benediktinermönche, auf der anderen Seite die protestantischen Stadtbewohner. Beide waren ständig in Zwistigkeiten verwickelt.

Zur Trennung der Einwohner baute man 1566 eine Schiedmauer, die nahezu dreihundert Jahre lang bestand. Ein kleiner Rest ist in der Zeughausgasse zu sehen. Die sich um den Klosterhof gruppierenden Gebäude zeichnen den einstigen Verlauf der Schiedmauer nach; in ihnen sind die Kantonsregierung und das Kantonsgericht, das Staatsarchiv und der Sitz des Bischofs untergebracht.

Die Südflanke bestimmt die mächtige ** **Kathedrale.** 1755 wurde der bekannte Architekt Peter Thumb aus dem Bregenzerwald beauftragt, anstelle früherer Kirchen aus dem Mittelalter eine barocke Anlage zu bauen. Dass das Hauptportal nicht wie üblich im Westen positioniert werden konnte, verhinderte die Schiedmauer. So wählte Thumb dafür die Ostseite, die eigentlich dem Altar vorbehalten ist. Zugänglich ist die Kirche heute durch das Seitenschiff. Den Innenraum schmücken prächtige Deckenfresken und feinste Stuckarbeiten.

In der grandiosen *** **Stiftsbibliothek,** die sich im 18. Jh. zum Anziehungspunkt für Gelehrte entwickelte und auch nach der Säkularisierung des Klosters 1805 bestehen blieb, überwältigen der Bücherreichtum und die Dekorationsfülle den Besucher. Allein der *Rokokosaal,* der wohl schönste der Schweiz, mit seinen Deckengemälden, vergoldeten Holzschnitzereien und dem kunstvoll ornamentierten Parkettboden lässt die Augen nicht ruhen. Die Bezeichnung „Seelensanatorium", wie die griechische Inschrift über dem Eingang lautet, könnte zutreffender kaum sein.

Der 280 m² große und 7,3 m hohe Saal wurde 1758–1767 von Peter Thumb als Lesesaal und Bibliothek für die Mönche errichtet. Die auf den tragenden Säulen angebrachten kleinen Putten symbolisieren die einzelnen Fachgebiete, sei es Astrologie, Medizin oder Literatur, das Titelregister findet man in den Säulen.

Von unschätzbarem Wert ist die Sammlung der 150 000 Schriftwerke, darunter etwa 2000 Originalhandschriften des 8.–10. Jhs., die zum größten Teil hier auch geschrieben wurden. 1650 seltenen Wiegen- und Frühdrucken bestätigen Fachleute einen ausgesprochen guten Zustand. In ständigen und wechselnden Ausstellungen sind die Prunkstücke der Sammlung, z. B. der karolingische Klosterplan von 830, zu sehen. Bis in die Gegenwart ist die Bibliothek eine viel genutzte Einrichtung für die Erforschung des Mittelalters. Im Lesesaal kann man nach Anmeldung die alten Werke einsehen. (🕓 Dez.–März Mo–Sa 9–12, 13.30–16, April–Nov. Mo–Sa 9–12, 13.30–17, So 10–12, 13.30–16 Uhr.)

Unmittelbar nördlich der Trennungsmauer zwischen Kloster und Stadt steht die Reformierte Hauptkirche St. Gallens, **St. Laurenzen ❺**. Der heutige Bau mit dem Dach aus bunt glasierten Ziegeln geht auf das 15. Jh. zurück. Vom Turm, bis zu dessen Spitze man 182 Stufen (!) bezwingen muss, hat man ein großartiges Panorama: die Stadt, den Bodensee und das Säntisgebirge. (🕓 Mo–Sa 9.30–11.30, 14–16 Uhr.)

Die *Marktgasse,* ebenso wie Multer- und Spisergasse eine der wichtigsten Einkaufsstraßen mit schönen Häuserfassaden, endet auf dem belebten Marktplatz. Wer den Weg hinauf zur Universität auf dem Rosenberg nicht zu Fuß zurücklegen möchte, kann vom nahen Schibener Tor den Bus Nr. 5 (Richtung Rotmonten) benutzen.

Seite 37

Auf Initiative der Kaufleute, die mit einer hervorragenden Ausbildung das alte Adelsprivileg brechen wollten, wurde die **Universität ❻** ins Leben gerufen. 1899 nahm sie mit gerade sieben Studiosi den Berieb auf. Gegenwärtig sind 4200 Studenten aus 54 Nationen für Rechts-, Sozial- oder Wirtschaftswissenschaften immatrikuliert. Seit 1963 befindet sich die Hochschule auf dem Rosenberg in einer großen Parkanlage. Der von *Walter Förderer* geplante Neubau ist als Gesamtkunstwerk zu sehen, das Architektur, Natur und Kunst miteinander verbindet. Bereits in der Planungsphase war dem Architekten klar, an welcher Stelle eine Plastik, ein Bild oder eine Skulptur stehen sollte. Er verpflichtete dazu Künstler der „Pariser Schule" aus den 60er Jahren. Die Sammlung moderner Kunst gilt als eine der wichtigsten der Schweiz. (🕓 Mo–Fr 8–19, Sa 8 bis 11.45 Uhr.)

Die mächtige Kathedrale beherrscht die Klosteranlage

Vom Marktplatz gelangt man am alten *Waaghaus*, einem früheren Lagerhaus, vorbei zum *Stadtpark*, der sich für eine kleine Rast anbietet. Wunderschön sitzt man im Wintergarten des Restaurants **Concerto** (Museumstraße 25, ☎ 242 07 77; Ⓢ).

Die Stiftsbibliothek – ein überwältigender Anblick

Die angrenzende **Tonhalle ❼** ist ein weiteres Prachtgebäude der Jahrhundertwende. Das Sinfonieorchester der Stadt sowie Gastorchester und Kammermusikensembles geben hier Konzerte.

Einen ganz anderen Akzent im Stadtbild setzt der 1968 vollendete mächtige Betonbau des **Stadttheaters ❽**, der wie eine geometrische Plastik wirkt. Von September bis Ende Juni stehen neben Schauspielaufführungen auch Opern-, Operetten-, Musical- und Balettabende auf dem Programm (Museumsstraße 24, ☎ 242 06 66).

Das Kunstmuseum zeigt Werke des 19. und 20. Jhs.

Das **Kunstmuseum ❾** (Museumsstraße 32) widmet sich primär der Malerei

Seite 37

und Plastik des 19. und 20. Jhs. Eine Werkgruppe von Giovanni Segantini, Bilder von Picasso und Tàpies sowie Skulpturen von Tinguely, Merz und Serra zählen zu den herausragenden Exponaten. Im gleichen Gebäude ist das *Naturmuseum* untergebracht. (🕓 Di–Sa 10–12, 14–17, So 10–17 Uhr.)

Die Förderung der naiven Kunst und der l'art brut hat sich das **Museum im Lagerhaus** ⑩ (Davidstraße 44) zur Aufgabe gemacht. In Wechselausstellungen werden Werke von Outsidern und der naiven Bauernmalerei vorgestellt. (🕓 Di–Sa 14–17 Uhr.)

Praktische Hinweise

ℹ Tourist Information, Bahnhofpl. 1 a, 9001 St. Gallen, ☎ (071) 227 37 37, FAX 227 37 67; 🕓 Mo–Fr 9–12, 13–18 Uhr, Sa 9–12 Uhr. Hotelreservierung: ☎ 227 37 47.

Stadtführungen: Juni–Sept. Mo, Mi, Fr 14.30 Uhr; Dez. Mi, Fr 17 Uhr.

Ⓗ Hotels

Einstein, Berneggstr. 2, ☎ 220 00 33, FAX 223 54 74. Gilt als das erste Haus in der Ostschweiz. Mitten in der Altstadt in klassizistischem Gebäude, Bar im englischen Stil, schönes Dachrestaurant. $$$

Im Portner, Bankgasse 12, ☎ 222 97 44, FAX 222 98 56. Schönes Fachwerkhaus mitten in der Altstadt, gediegener Komfort. Französisches Spezialitätenrestaurant. $$

Weissenstein Garni, Davidstr. 22, ☎ 228 06 28, FAX 228 06 30. Ruhige Lage nahe Bahnhof und Altstadt, modern eingerichtete Zimmer. Café und Restaurant mit Gartenterrasse. $$

Jägerhof, Brühlbeicherstr. 11, ☎ 245 50 22, FAX 245 26 12. Gemütliches, kleines Hotel beim Messegelände. Rustikale Gaststube mit einheimischen Spezialitäten. $$

Ⓡ Restaurants

Neubad, Bankgasse 6, ☎ 222 86 83. Gourmetrestaurant in „Erststockbeiz", Weinstube im Erdgeschoss. Sa, So geschl. $$$

Peter und Paul, Kirchlistraße 99, ☎ 245 56 25. Feinschmeckerlokal in wunderschöner Lage am Rosenberg, beim Wildpark Peter und Paul. Fischspezialitäten und Schmorbraten nach Großmutterart sowie feine Nachspeisen nach alten Rezepten. Sept. bis April; Mo geschl. $$

Zum goldenen Schäfli, Metzgergasse 5, ☎ 223 37 37. „Erststockbeiz" mit Spezialitäten aus Großmutters Küche. $$

Stadtcafé Latini, Schützengasse 8, ☎ 223 37 17. Großartiges Jugendstilgasthaus, Mexikanische Gerichte, feine Weinkarte. $$

Augustinerhalle, Augustinergasse 31, ☎ 222 15 43. Klein, italienische Spezialitäten. So erst ab 17.30 Uhr. $$

Tipps für den Abend

Gambrinus, Wassergasse 5. Stimmungsvolles Jazzlokal mit auserlesenem Konzertprogramm.

Back Stage, Bahnhofstr. 10. Disko im alten amerikanischen Stil, Altersgruppe ab 25 Jahre, keine Technomusik. 🕓 Do, Fr, Sa.

OZON-Diskothek, Goliathgasse 2. Verschiedene Musikrichtungen von Oldies bis Goldies. 🕓 Do, Fr, Sa.

Nicht nur Kinder begeistert das **Puppentheater,** Lämmlisbrunnenstr. 34, ☎ 222 60 60. Okt.–März.

Einkaufen

La Bambola, Brühlgasse 35. Eine Fundgrube für Hobbyschneider: exquisite Couturestoffe des einheimischen Herstellers Jakob Schläpfer. Eine Besonderheit sind Paillettenstickereien, jede Paillette ist einzeln eingefasst.

Bernet, Neugasse/Ecke Marktgasse. Accessoires des einheimischen Stoffdesigners Christian Fischbacher. Küchentücher mit St. Galler Stickereien und Stoffkalender.

Confiserie Roggwiler, Multergasse 17. Süße Spezialitäten wie Biber (eine Art Lebkuchen), Spitzen (Gebäck mit Mandeln und Honig) und Truffes.

Akris-Fabrikladen, Felsenstr. 40. Der renommierte St. Galler Designer Albert Kriemler verkauft hier seine Prêt-à-porter-Kollektion der letzten Saison. ⌚ Mi, Fr 14–17.30 Uhr.

Im Jugendstil präsentiert sich das Stadtcafé Latini

Seite 37

Ausflug

Allein schon die Anfahrt mit der Mühleggbahn, der über 100 Jahre alten U-Bahn von St. Gallen und der zugleich kürzesten ihrer Art in der Schweiz, lohnt den kleinen Ausflug zum Naherholungsgebiet **Dreiweihern.** Kaum zwei Minuten benötigt die vollautomatische Bahn von der St.-Georgen-Straße durch die Mühlenenschlucht zum Stadtteil St. Georgen, zu Fuß steigt man in etwa 20 Minuten hinauf zu den drei idyllischen Badeweihern mit Jugendstilumkleidekabinen und lauschigen Liegewiesen.

Edles aus St. Gallen

Die St. Galler Stickereien, die 1867 bei der Weltaustellung in Paris präsentiert wurden, erregten enormes Aufsehen. Nie hatte das Fachpublikum so präzise Handarbeiten gesehen. Die damit ausgelöste Nachfrage aus der ganzen Welt ließ die Stickereifertigung in der Schweiz aufblühen. Das Meiste wurde in Heimarbeit vor allem im Appenzell hergestellt. Ende des 19. Jhs. arbeiteten 10 % der schulpflichtigen Kinder mit in diesem Industriezweig. An einigen alten Bauernhäusern sieht man noch das eigens angebaute Sticklokal. Mit Aufkommen der lochkartengesteuerten Stickautomaten 1898 ging die Fertigung von Hand zurück, die Produktion verlagerte sich auf Maschinenware. Anfang des 20. Jhs. waren Stickereien aus St. Gallen das wichtigste Schweizer Exportgut.

Ein erster Einbruch kam mit dem Ersten Weltkrieg. Zudem hatte der Börsensturz in Manhattan 1929 nachhaltige Folgen für die St. Galler Unternehmen: Die Nachfrage ging weiter zurück und das zu einem Zeitpunkt, als jeder zweite Arbeitsplatz im Kanton St. Gallen von der Stickereiindustrie abhing. Von dieser Krise hat sich die Textilindustrie nie ganz erholt. Doch nachdem heute mit modernsten, computergesteuerten Maschinen gearbeitet wird, kann man schnell auf Trends reagieren. Wenn früher mit der Stickerei Tradition verbunden war, bestimmt nun der Zeitgeschmack das Design.

Im Kanton St. Gallen arbeiten derzeit 70 Betriebe mit 2500 Arbeitsplätzen in der Textilindustrie. Auf der Exportliste der Schweiz stehen die Textilprodukte an vierter Stelle. Zwei Fachschulen in St. Gallen und die Ostschweizerische Stickfachschule sind wichtige Institutionen für die zukünftigen Textildesigner. Im Kreis der 15 Topdesigner der Welt ist *Albert Kriemler* aus St. Gallen zu suchen, seine Kleiderkollektion „Akris" verbucht in den USA, Japan und Europa nenneswerte Erfolge.

Route 1

Seite 43

Gesundheit und Prosit

St. Gallen – Appenzell – Schwägalp – Wildhaus – Vaduz – Maienfeld – Landquart (108 km)

Das Appenzell – sanfter Auftakt der Zweitagesroute mit dem Auto – ist ein Postkartensujet par excellence: eine anmutige hügelige Landschaft, in der die schmucken Häuser künstlerische Akzente setzen. Seit langem hat sich die Voralpenregion einen Namen als Kurgegend gemacht, während Liechtenstein, das einzige Fürstentum weit und breit, schon aus diesem Grund ein beliebter touristischer Anlaufpunkt wurde. „Bündner Herrschaft" oder auch „Land der fünf Dörfer" nennt man die alte Kulturlandschaft zwischen Fläsch und Landquart. Nicht nur die Geschichte der Heidi, auch die gehaltvollen Bündner Weine machten die Gegend über die Landesgrenzen hinaus bekannt.

Natur und Kur

Seit Generationen ist in den Dörfern östlich von St. Gallen die Tradition der natürlichen Heilmethoden verwurzelt. Hier wirkte schon Paracelsus, der große Arzt des 16. Jhs. Aber auch Zeitgenossen wie Johann Künzle, „der Kräuterpfarrer", und der einheimische Arzt Alfred Vogel haben sich den Naturheilverfahren verschrieben. Ein Reformhaus, das auf sich hält, führt ihre Essenzen. Wen wundert es da, dass es im Appenzell etliche Gesundheitswege gibt? So kann man, den Empfehlungen Sebastian Kneipps folgend, zur Abhärtung einige Wegstrecken barfuß zurücklegen, etwa von *Kaien* nach *Oberegg* (1,5 Std.). Die Gesundheitspfade informieren über die Heilkräuter am Wegrand, vor allem aber sollen die Spaziergänge die Entspannung von Körper und Geist fördern. Machen Sie den Test auf den Wanderwegen von *Heiden* nach *Kaien* (1 Std.) oder von *St. Anton* nach *Oberegg* (1 Std.).

ℹ Appenzellerland Tourismus, 9063 Stein, ☎ (071) 368 50 50, FAX 368 50 55.

Eine Besonderheit ist der **Meteo-Wanderweg** von *Trogen* nach *Gais* (3,5 Std.). Auf Tafeln werden verschiedene Wetterlagen erläutert. Nicht ohne Grund, denn der Weg führt an der meteorologischen Station von Jörg Kachelmann, dem „Wetterfrosch der ARD", vorbei.

Appenzell (5000 Einw.) ist der Hauptort von Innerrhoden. Seit 400 Jahren gehen die beiden Appenzeller Halbkantone Außerrhoden/Innerrhoden politisch getrennte Wege. Nur noch einer aber hält an der *Landsgemeinde* fest. Sie repräsentiert die Urform der Demokratie: Männer und neuerdings auch Frauen stimmen unter freiem Himmel über Sachfragen ab und wählen so außerdem die Regierung. Innerrhodens Landsgemeinde findet alljährlich am letzten Aprilsonntag ab 10 Uhr morgens in Appenzell statt. Allerdings ist diese archaische Tradition gefährdet, in den meisten Urkantonen der Eidgenossenschaft wurde sie bereits abgeschafft.

Wer sich für Kulturgeschichte interessiert, dem sei das *Museum Appenzell* empfohlen. Neben paläontologischen Funden und Dokumenten zur Landesgeschichte werden Möbel, Trachten und Stickereien aus ganz Europa gezeigt. Viele der ausgesprochen kunstvollen Textilien entstanden in Heimarbeit Ende des 19. Jhs. im Appenzell und erlangten Weltruhm (s. S. 41). Den Bauernmalern aus dem 19. und 20. Jh., allen voran Viktor Tobler (1846–1915) und Johannes Hugentobler (1897 bis 1955), sind je ein Raum gewidmet (☎ 788 96 41; 🕓 April–Okt. tgl. 10–12, 14–17, Nov.–März Di–So 14–16 Uhr).

Zum Bummeln verlockt die *Hauptgasse* mit den für das Appenzell charakteristischen Holzhäusern, deren besonderer

Schmuck die bemalten Fassaden sind. Zier einer anderen Art präsentieren die Auslagen vieler Geschäfte: die Appenzeller Kuh, das Leittier des Schweizer Ethnolooks. Geschmackvolle Souvenirs wie Gürtel verziert mit Kühen und Edelweiß aus Messing, Bauernhemden mit Blumenmustern, Halstücher mit Appenzeller Motiven und bestickte Hosenträger kann man in der *Trachtenstube* erstehen. Als süße Mitbringsel sind Appenzeller Biber, jene kunstvoll verzierter Lebkuchen, oder „Berewegge" (Birnbrot) beliebt.

Der Säntis überragt das Appenzeller Land

Appenzeller Haus in Urnäsch

🛈 **Appenzellerland Tourismus,** Hauptgasse 4, 9050 Appenzell, ☏ (071) 788 96 41, FAX 788 96 49.

Ⓗ Ⓡ **Appenzell,** Hauptgasse 37, ☏ 787 42 11, FAX 787 42 84. Kleines, gemütliches Hotel direkt am historischen Landsgemeindeplatz. Liebevoll gekochte einheimische Gerichte. ($)

Ⓗ **Löwen,** Hauptgasse 25, ☏ 787 21 87, FAX 787 25 79. Ruhige Lage, typischer Appenzeller Stil. ($)

Falls Sie am 13. Januar nach **Urnäsch** kommen, platzen sie mitten in die Silvesterfestivitäten samt einem Umzug der *Silvesterkläuse* (s. S. 19). Die Appenzeller haben den Ruf, sich nichts vorschreiben zu lassen. Als im Jahr 1582 Papst Gregor XIII. den von Julius Cäsar eingeführten Kalender reformierte, verärgerte dies die protestantischen Außerrhoder so sehr, daß sie beschlossen, dem päpstlichen Befehl zu trotzen. Seither feiern sie zweimal Silvester, auch in Urnäsch.

Im dortigen *Museum für Appenzeller Brauchtum* wird deutlich, welch hohe Bedeutung der Volkskultur zukommt und wie reich sie ist – sei es die Kleidung, die Musik oder die Malerei. Die Ursprünge der populären Bauernmalerei gehen auf das 16. Jh. zurück. Kalender, Möbel, Tafelbilder und selbst Trachten zeigen Szenen aus dem bäu-

1
Seite 43

erlichen Leben. Zu den zeitgenössischen Vertretern der Bauernmalerei zählt z. B. Hans Krüsi (1920–1995). Bemerkenswert kostbare Exponate sind der silberne Trachtenschmuck und die verzierten Gürtel. Auch einige Silvesterkläuse mit ihrem prächtigen Kopfschmuck sind zu bewundern. (🕓 April Mi, Sa, So 13.30–17 Uhr, Mai-Okt. tgl. 13.30–17 Uhr, Nov.–März nach Voranmeldung; ☎ 071/364 23 22.)

Zum Leben der Appenzeller gehören die „Weertschafte", die Gaststuben. In einer solchen Dichte kommen sie nur in diesem Teil der Schweiz vor, sie sind der wichtigste Treffpunkt, hier wird Politik gemacht und der Rest der Welt unter die Lupe genommen. Eine typische Dorfwirtschaft ist das **Gasthaus zum Engel** in Urnäsch (☎ 071/364 12 80; $). In der heimeligen, holzgetäfelten Stube kann man Appenzeller Spezialitäten, z. B. Pantli (geräucherte Würste), Siedwürste oder Chäs-Hörnli mit Apfelmus, probieren.

Eine herrliche Aussicht über das ganze Appenzell bis zum Bodensee, über das Alpsteingebirge und die Glarner Alpen bietet der **Säntis** (2501 m), auf den von der **Schwägalp** (1278 m) eine Seilbahn führt. Neben einer Sendeanlage der Post befindet sich auf dem höchsten Berg des Appenzeller Landes eine Wetterstation. Wer sich mehr für Bodenständiges interessiert, kann die *Alpschaukäserei* besuchen (☎ 071/365 65 65; 🕓 Juni–Sept. 8–19 Uhr).

Ⓗ **Gasthaus Passhöhe,** Schwägalp, ☎ (071) 36 12 43. Kleines Haus im Appenzeller Stil, Gartenrestaurant. $

Weiter geht es über *Alt St. Johann* nach **Wildhaus** im Toggenburg. Der höchstgelegene Ort des Kantons St. Gallen (1098 m) ist vor allem bei Familien ein beliebtes Sommer- und Winterferienziel. Auf dem 330 km umfassenden Wanderwegenetz rund um Alpstein und Säntis kommen nicht nur passionierte Berggänger auf ihre Kosten. Allein die artenreiche Flora und Fauna sind einen Spaziergang wert, man kann sie von Juli bis September auch auf einer geführten botanischen Wanderung des Verkehrsvereins Alt St. Johann kennenlernen. Das Skigebiet von Wildhaus, Unterwasser und Alt St. Johann zeichnet sich neben attraktiven Pisten und Loipen durch seine familienfreundlichen Preise aus.

ℹ **Informationszentrale Toggenburg,** 9658 Wildhaus, ☎ (071) 999 99 11, FAX 999 29 29. **TouristInfo,** ☎ 999 27 27, FAX 999 29 29.

Fürstentum Liechtenstein

Über *Gams* und *Buchs* erreicht man **Vaduz,** den Hauptort (5000 Einw.) des 160 km² großen Fürstentums. Seit 1924 bildet der Kleinstaat (30 000 Einw.), eine konstitutionelle Erbmonarchie auf parlamentarischer Grundlage, mit der Schweiz eine Wirtschaftsunion. Das Staatsoberhaupt, Fürst Hans Adam II. von und zu Liechtenstein, residiert im hoch über der Stadt liegenden Schloss.

Die Flut der Ausflugsbusse lässt keinen Zweifel, dass Vaduz nach wie vor ein massentouristischer Anziehungspunkt ist. Besonders frequentiert wird das *Briefmarkenmuseum* (Städtle 37) – wegen der begehrten liechtensteinischen Marken und seiner philatelistischen Raritäten aus aller Welt (🕓 tgl. 10–12, 13.30–17 Uhr).

Hans Adam I., der Vater des jetzigen Fürsten, hat dem Staat eine bedeutende Schenkung gemacht, die * *Liechtensteinische Staatliche Kunstsammlung.* Sie umfasst Werke niederländischer, flämischer und britischer Maler der letzten Jahrhunderte (Städtle 37; 🕓 April–Okt. tgl. 10–12, 13.30 bis 17.30 Uhr, Nov.–März bis 17 Uhr).

ℹ **Verkehrsbüro Vaduz,** Städtle 37, FL-9490 Vaduz, ☎ (075) 232 14 43, FAX 392 16 18.

Über die Anhöhe *St. Luzisteig* führt die Route durch schattige Laubwälder nach *Fläsch,* dem ersten Weindorf der Bündner Herrschaft. Auf den fruchtbaren Kalkböden gedeiht dank der günstigen

1

Seite 43

klimatischen Bedingungen ein süffiger Tropfen. Für Gourmets und Weinkenner ist das Restaurant **Fläscher Mühle,** (☎ 081/302 10 54; So, Mo geschl.; $$) ein Muss. Hier wird marktfrische Spitzenküche serviert, die Weinkarte verzeichnet nicht weniger als 800 Sorten. Im Sommer isst man auf der stimmungsvollen Terrasse.

Im mittelalterlichen Städtchen **Maienfeld** hatten zahlreiche Bündner Aristokraten und Militärs ihren Wohnsitz. Da Maienfeld im Grenzgebiet zwischen der Eidgenossenschaft und Österreich lag, kam ihm auch eine gewisse strategische Bedeutung zu.

Bekannt ist der Ort wohl eher als Heimat der „Heidi". Das weltberühmte Kinderbuch der Züricher Autorin Johanna Spyri (1827–1901) wurde in über 30 Sprachen übersetzt und mehr-

Schloss Vaduz

Weinkeller im Schloss Salenegg

Bündner Weine erobern die Gaumen

Die Weine aus der Bündner Herrschaft und dem Bündner Rheintal haben ihrer Heimat zu Ruhm und Ehre verholfen. Die Gegend bietet ideale klimatische Wachstumsbedingungen und der Föhn tut das Seine dazu. Das vergleichsweise kleine Anbaugebiet zwischen Fläsch und Bonaduz bringt regelmäßig Spitzenprodukte hervor, und dementsprechend rasch sind die Vorräte der Winzer und Winzerinnen ausverkauft. Nicht weniger als 60 Weinbauern gibt es hier, 26 Rebsorten werden angebaut.

Die Weinbauern haben sich der integrierten Produktion verschrieben. Sie beschränken sich weitestmöglich auf natürliche Spritzmittel und der Boden um die Reben ist mit Gräsern und Kräutern bewachsen, um der Erosion vorzubeugen.

In Malans, wo auch Sekt hergestellt wird, betreiben einige Weinbauern anspruchsvollen biologischen Weinbau. Die mit einer Knospe, dem Gütesiegel für Bioweine, etikettierten Tropfen unterliegen vom Anbau bis zur Kelterung strengsten Vorschriften.

Im Spätherbst beginnt die Weinlese, die „Wimmlet". Als erster wird der Riesling Sylvaner eingebracht, danach der Blauburgunder, die Hauptrebensorte der Gegend, später der Weiß- und Grauburgunder, der Completer und weitere Rebspezialitäten. Von Ende August bis Anfang Oktober finden in den Dörfern Degustationen und Feste statt, bei denen ein Torkelbesuch, Weinproben und ein Markt mit einheimischen Produkten auf dem Programm stehen. Auskünfte bei *Weine aus Graubünden,* Plantahof, 7302 Landquart, ☎ (081) 322 68 14, Fax 322 56 66.

Buchtipp: „Weine aus Graubünden", Verlag Stutz. Andreas Bellasi, Ursula Riederer und Fortunat Ahorn stellen Weinbauern und -bäuerinnen, Kellermeister und Händler der Region vor, porträtieren das Leben einer Winzerfamilie; zum Buch gibt es eine Weinkarte mit Einkaufsempfehlungen.

fach verfilmt. Wer sich auf Heidis Spuren begeben will, kann auf verschiedenen Wegen die Schauplätze der Geschichte besuchen wie das zu einem Museum umgewandelte Heidihaus oder den Heidibrunnen. Spezielle Karten sind beim Verkehrsverein erhältlich.

2

Seite 61

Maienfeld ist seit langem die größte Weinanbaugemeinde Graubündes, denn wer hier zur besseren Gesellschaft zählen wollte, musste Rebhänge besitzen. Obwohl die meisten heute im Nebenerwerb bewirtschaftet werden, ist die Winzerei einer der bedeutendsten Wirtschaftszweige. Allein in Maienfeld gibt es 22 Weinbaubetriebe.

Zwei bemerkenswerte Schlösser gehören zu Maienfeld. **Schloss Salenegg,** ehemals klösterlicher Besitz, wurde im 16. Jh. von Vespasian von Salis erworben. Heute noch ist es mitsamt dem größten zusammenhängenden Rebareal in Salis Hand. Um 1100 entstand **Schloss Brandis** als Stadtburg. Zunächst diente es den Freiherren von Brandis als Wohnsitz, seit 1868 befindet sich im Schlossturm ein *Restaurant,* in dem praktisch alle Weine aus der Herrschaft kredenzt werden – dazu Bündner Spezialitäten (☏ 302 24 23, Mi–So; $).

Verkehrsverein, 7304 Maienfeld, ☏ (081) 302 58 58.

Eine malerische Straße führt weiter durch die Weindörfer *Jenins* und *Malans* (**Gasthaus Krone,** ☏ 081/322 14 55, FAX 322 36 43; $. Bündner Haus aus dem 17. Jh. mit rustikal eingerichtetem Restaurant). Von hier sind es nur noch 2 km bis *Landquart.*

Abstecher: Für seine Bäder berühmt ist **Bad Ragaz.** Hier sprudelt das Wasser der Therme von Pfäfers seit mehr als 150 Jahren. Die alten Badehotels wurden in den letzten Jahren luxuriös renoviert, die Badeanlagen sind jedoch den Hotelgästen vorbehalten. Öffentlich zugänglich dagegen ist die schöne *Tamina Therme* (tgl. 7–20.30 Uhr; ☏ 081/303 27 41).

Route 2

Vom Rhein zum Inn

Landquart – *Klosters – Davos – Filisur – *Bergün – Albulapass – Inntal (115 km)

Die bekannten Ferienorte Klosters und Davos könnten unterschiedlicher nicht sein. Das kleinere und traditionellere Klosters hat sich durch die Aufenthalte der britischen Königsfamilie einen Namen gemacht. Davos bekennt sich selbstbewusst dazu, die höchst gelegene Stadt der Alpen zu sein und bietet dementsprechend sommers wie winters jede Menge Aktivitäten an. Über den grandiosen Albulapass geht es hinunter ins Oberengadiner Inntal mit Ziel Zuoz oder St. Moritz. Zweitagestour.

Landquart ist das westliche Ende des **Prättigaus,** Klosters sein östliches. In dem deutschsprachigen Tal fallen zahlreiche Ortsnamen auf, die an die ursprünglich romanischen Siedler erinnern. Sie und ihre Sprache wurden jedoch im 14. bis 16. Jh. von den Walsern (s. S. 88) verdrängt. Was die zugewanderten Bauern antrafen, waren steile Abhänge, abgelegene Bergterrassen und Alpweiden. Auf den Höhen des von der *Landquart* durchflossenen Tals entstanden die typisch walserischen Streusiedlungen, die bis heute weitgehend intakt sind. Ihre Bewohner widmeten sich vor allem der Viehzucht und verkauften ihre Tiere nach Tirol und Oberitalien. Von dort bezogen sie Getreide, Salz und Wein. Die Säumer, in den vergangenen Jahrhunderten ein wichtiger Berufsstand, transportierten die Waren mit Pferden und Maultieren über Flüela-, Scaletta- und Strelapass.

Eine bedeutende Nord-Süd-Verbindung ist die Straße von Landquart über

Davos und den Flüelapass nach wie vor – und dementsprechend stark frequentiert. Entlastung vom Transitverkehr erhoffen sich die Dörfer im Prättigau vom neuen Vereina-Bahntunnel zwischen Klosters und Lavin (mit Autoverladung), der um die Jahrtausendwende fertiggestellt werden soll. Die Strecke Landquart–Davos war übrigens die erste, die die Rhätische Bahn 1890 in Betrieb nahm.

Die erste Wintersaison in * **Klosters** (1206 m) geht auf das Jahr 1904/05 zurück, als das Hotel Vereina auch über die Jahreswende geöffnet hatte und Schneefans die Gegend erkundeten. Von Liften und Bergbahnen jedoch keine Spur. Erst 1950 wird die Luftseilbahn Klosters–Gotschnagrat, die Verbindung zum Davoser Skigebiet, eingeweiht, 1966 die Gondelbahn auf die Madrisa. Das weitläufige Skigebiet hat durch die britische Königsfamilie viel an Popularität gewonnen.

Im Sommer macht sich die Region einen Namen als Mountainbike-Paradies. Für die Stollenreifen-Cracks stehen 120 km markierte Routen zur Verfügung. Wer in die Kunst des Gleitschirmfliegens einsteigen will, ist hier ebenso am richtigen Ort. Das Flugschulcenter Grischa (ℹ beim Kur- und Verkehrsverein) bietet Schnuppertage, Passagierflüge und Kurse an.

ℹ **Kur-und Verkehrsverein,** 7250 Klosters, ☎ (081) 410 20 20, FAX 410 20 10.

Ⓗ **Steinbock,** Klosters, Landstraße 146, ☎ 422 45 45, FAX 422 16 36. Rustikal eingerichtetes Hotel in zentraler Lage. Ⓢ
Silvapina, Silvapinaweg 6, Klosters-Dorf, ☎ 422 14 68, FAX 422 40 78. Kleines, gemütliches Familienhotel mit Garten und Liegewiese. Ⓢ
Rätia, Klosters-Dorf, ☎ 422 47 47, FAX 422 47 49. Kinderfreundlicher Betrieb in ruhiger Lage. Ⓢ

Schloss Salenegg in Maienfeld

2
Seite 61

Prättigau heißt das Tal von Landquart bis Klosters

Klosters ist winters wie sommers ein Dorado für Gleitschirmflieger

2

Seite 61

Ⓡ **Walserhof,** Landstraße 141, ☎ 422 42 42. Das schöne Restaurant in Walserstil gehört zu den Toprestaurants der Schweiz. Die marktfrische phantasievolle Küche wurde mehrfach ausgezeichnet. $$

Sonne, Hauptstraße 155, ☎ 422 13 49. Schönes altes Bündner Haus im Zentrum. In den „Arvenstuben" werden saisonale Gerichte köstlichst zubereitet. Sehr freundliche Bedienung. $

Von Klosters führt die Route über den *Wolfgangpass* (1631 m) nach **Davos** (1560 m; 10 500 Einw.), der höchstgelegenen Stadt in den Alpen. Diese Bezeichnung soll nicht darüber hinwegtäuschen, dass in Davos auch noch Milchwirtschaft betrieben wird, die große Molkerei hat regionale Bedeutung. Haupterwerbsquelle der Einwohner ist aber der Tourismus. Der Ort erlangte schon zu Zeiten der frühen Eidgenossenschaft eine gewisse Bedeutung, als viele junge Davoser sich als Söldner bei den europäischen Großmächten verdingten. Andere Emigranten machten sich als Zuckerbäcker und Kaffeehausbesitzer in italienischen Städten einen Namen. Die Entdeckung des heilsamen Klimas, vor allem für Lungenkranke, gab dann den Anstoß für die Entwicklung zum Kurort. 1865 trafen die ersten Wintergäste ein, bis zum heutigen Tag spielt der Gesundheitstourismus eine wichtige Rolle.

In Davos wurde aber auch Sportgeschichte geschrieben: 1898 fanden auf der Natureisbahn die ersten Weltmeisterschaften im Eisschnelllauf statt. Seither treffen sich alljährlich die Eisschnellläufer und Langläufer der Weltspitze zu Wettkämpfen. Wer gut trainiert ist und 2000 Höhenmeter im Laufschritt überwindet, kann Ende Juli am *Swiss Alpine Marathon,* der kräftezehrenden alpinen Variante der Stadtmarathons, teilnehmen. Dass Sport hier groß geschrieben wird, zeigt nicht zuletzt das 450 km umfassende Netz der Wander- und Spazierwege. Besonders beliebte Ziele sind das ruhige *Sertig-* und *Dischmatal* sowie die *Schatzalp* mit ihrem Alpengarten (Standseilbahn).

Young Artists in Concert: Junge Musiker in Davos

Der Sommerveranstaltungskalender in Graubünden ist zum Bersten voll. Nahezu tausend Anlässe versprechen Unterhaltung, Begegnung und Bereicherung. Hier eine Auswahl zu treffen fällt nicht leicht, und doch hat ein Anlass, obwohl 1997 schon in seiner 12. Ausgabe, es immer wieder geschafft, zu faszinieren, zu begeistern und zu erstaunen: das Davoser Festival Young Artists in Concert. Das Besondere daran ist, dass hier ausschließlich junge Musikerinnen und Musiker, die am Anfang ihrer Karriere stehen, zusammenkommen. Bemerkenswert ist auch das außergewöhnliche Programm, das das Publikum jedes Jahr mit zeitgenössischen Komponisten konfrontiert. Eine elitäre Veranstaltung will das Festival aber nicht sein, vielmehr stehen die musikalische Begegnung und künstlerischer Austausch unter aktiver Beteiligung des Publikums im Vordergrund. Die Proben sind zum Teil öffentlich, sodass man die Erarbeitung des Konzertprogramms mit all ihren Höhen und Tiefen miterleben kann. Während des Monats August, in dem u. a. im Kirchner-Museum etwa 20 Konzerte veranstaltet werden, sind spannende musikalische Momente versprochene Sache. Im Mittelpunkt steht das Musizieren einer jungen Generation, die sich in eigener Regie ein musikalisches Umfeld schafft, ohne im Schatten der Stars zu stehen. Die Namen der Virtuosen sollte man sich merken, denn die hochkarätigen Künstler sind später vielleicht wieder in den großen Konzertsälen der Welt zu hören.

Im Winter locken sieben *Skigebiete* mit Pisten aller Schwierigkeitsgrade. Fast schon legendär ist die 12 km lange *Parsenn-Abfahrt* vom Weißfluhjochgipfel nach Küblis. Als tollen Service schätzen die Wintergäste die täglich herausgegebenen Mitteilungen des *Eidgenössischen Instituts für Schnee- und Lawinenforschung* (☏ 187), das die Berichte der Messstationen der gesamten Schweiz auswertet.

Auch Kunstfreunde kommen in Davos auf ihre Kosten. Der in die Schweiz ausgewanderte deutsche Maler, Graphiker und Bildhauer *Ernst Ludwig Kirchner* (1880–1938) lebte von 1918 bis zu seinem Freitod zunächst in Frauenkirch, dann im Sertigtal bei Davos. Kirchner war maßgeblicher Mitbegründer der expressionistischen Künstlergemeinschaft „Brücke" und hatte sich in Deutschland bereits einen Namen gemacht. Nach seinem Wohnortwechsel in die Schweiz widmete er sich mit großem Eifer seiner neuen Umgebung, Alpenlandschaften – „Davos im Schnee" (1921) – und Bergbauern wurden bevorzugte Sujets. Nach seinem Tod geriet Kirchners Werk in Vergessenheit, in Deutschland entfernten die Nazis die Bilder als „entartete Kunst" aus den Museen. Erst 1964 wurde der Nachlass in Davos der Öffentlichkeit zugänglich gemacht. Nach heftigen Diskussionen entschloss man sich zum Bau eines Museums. Die Züricher Architekten Annette Gigon und Mike Guyer (s. S. 15) entwarfen ein bemerkenswertes Gebäude aus vier Kuben, die durch eine Halle miteinander verbunden sind. Das 1992 eröffnete *Kirchner-Museum* zeigt ständig rund 500 Bilder; im Kellergeschoss befindet sich eine Bibliothek zu Leben und Werk des Künstlers sowie zur bildenden Kunst des 20. Jhs. Laufende Wechselausstellungen. (🕓 Di–So 14–18, 15. Juli–30. Sept. auch 10–12 Uhr.)

Die Architekten des Kirchner-Museums entwarfen auch die neue *Eishalle* von Davos; sie kann ebenso wie das hypermoderne Kongresszentrum als Meister-

Blick auf Davos am gleichnamigen, kleinen See

Die moderne Eishalle in Davos

Für das Werk Kirchners wurde eigens ein Museum gebaut

Alpengarten auf der Schatzalp

2

Seite 61

2

Seite 61

werk hervorragend integrierter moderner Architektur in den Alpen bezeichnet werden.

ⓘ **Davos Tourismus,** Promenade 67, 7270 Davos, ☏ (081) 415 21 21, FAX 415 21 00; E-Mail: davos@davos.ch. Direkte Reservierung von Hotels und Ferienwohnungen: ☏ 415 21 31.

Ⓗ **Morosani Posthotel,** Promenade 42, Davos-Platz, ☏ 413 74 74, FAX 413 70 60. Traditionsreiches rustikales Haus gehobener Klasse in bester Lage. $$$
Cristiana, Alte Flüelastraße 2, Davos-Dorf, ☏ 417 53 00, FAX 417 53 80. Modernes Hotel direkt am Bahnhof. $$
Meisser, Dorfstraße 7, Davos-Dorf, ☏ 416 23 23, FAX 416 56 79. Kleines, gemütliches Haus, gute Küche. $$

Ⓡ **Davoserstübli,** Am Postplatz, Davos-Platz, ☏ 415 66 66. Gediegenes Restaurant mit traditioneller „Arvenstube", Spezialität: Lammfilet. Mo geschl. $
Park Restaurant Extrablatt, Promenade 90, Davos-Platz, ☏ 413 61 62. Großzügiges Belle-Époque-Restaurant mit schöner Terrasse mitten im Kurpark. Spezialitäten sind Grillgerichte und hausgemachte Teigwaren. Mo geschl. $
Gasthaus Islen, Davos-Platz, ☏ 413 58 56. Käsespezialitäten und andere lokale Köstlichkeiten der Gegend. Mi geschl. $
Restaurant Strela-Alp, Davos Schatzalp, ☏ 413 56 83. Von der Bergstation Schatzalp muss man 10 Minuten zu Fuß gehen. Geboten wird eine kleine, aber feine Auswahl an Speisen. Große Sonnenterrasse. Geöffnet Nov. bis April und Ende Mai bis Okt. $

Einkaufstipp

Auf Bestellung kann man sich im **Mitenand-Lädeli,** Promenade 28, einen *Scarnuz Grischun* (s. S. 21), den Spezialitätenkorb aus Graubünden, zusammenstellen lassen (◷ Mo–Fr 14–17.30, Sa 10–12, 14–16 Uhr).

Das *Bergbaumuseum* im Schmelzboden in **Monstein** (10 km südlich von Davos) erinnert an die wirtschaftlich bedeutende Zeit des Eisenerzabbaus vom 14. bis 19. Jh. Es zeigt Erze, Bergbaugegenstände, Dokumente, Pläne und Fotos der Abbaustellen im Kanton. (◷ Mitte Juni bis Mitte Okt. Mi–Sa 14–16 Uhr.)

Weiter geht die Route über Wiesen nach **Filisur.** In 65 m Höhe führt hier die Trasse der Rhätischen Bahn über den 130 m langen **Landwasserviadukt,** imposantes Zeugnis der Bündner Bahngeschichte (s. S. 25). Im Ort selbst fallen einige bereits im Engadiner Stil gehaltene Häuser mit dem typischen großen Eingangstor, Erker und Sgraffitodekor auf (s. S. 14).

Am Fuß des Albulapasses liegt ***Bergün** (1367 m). Auch diesem Ort kommt in der Bahngeschichte eine besondere Bedeutung zu. Hier beginnt der spektakulärste Teil der Strecke zum *Albulapass*. Mit Hilfe unzähliger Kehrtunnels überwindet die Bahnlinie auf 12 km eine Steigung von 416 m. Die Konstruktion kann auf einem *Bahnhistorischen Lehrpfad* (2 Std.), der parallel zur Bahnstrecke verläuft, genau verfolgt werden.

Die ****Albulapass-Straße** ist ein nicht weniger abwechslungsreiches Erlebnis. Da sie nie die Bedeutung etwa des Julierpasses erlangte, wurde sie bislang nicht ausgebaut, erst vor rund 30 Jahren erhielt sie eine Teerdecke. Am kleinen See *Lai da Palpuogna* vorbei zieht sie sich hinauf bis zur Passhöhe auf 2312 m, flankiert von Dreitausendern wie dem mächtigen Piz Kesch (3418 m) oder Piz Ot (3240 m). Über die Wintersperre freuen sich die Rodler: Die Rhätische Bahn bringt sie nach *Preda*, von da geht es mit dem Schlitten 5 km im Schuss hinunter nach Bergün.

Nach vielen Kurven und herrlichen Ausblicken erreicht man bei *La Punt-Chamues-ch* das Inntal, wo sich ***Zuoz** (1716 m; s. S. 58) zur Übernachtung anbietet.

Route 3

Romanisch den ganzen Tag

Unterengadin: Martina – *Bad Scuol – *Guarda – Zernez – *Ofenpass – Santa Maria – Müstair (78 km) / – Umbrailpass – Livigno – Zernez (102 km)

Dass das Unterengadin noch nicht vom Tourismus überrannt ist, lässt sich nicht allein an der Landschaft ablesen. Prächtige Engadiner Häuser prägen die Dörfer, die sich ihre Geschlossenheit bewahrt haben. Die Einheimischen sprechen Ladin, eines der fünf romanischen Idiome. Man hört es auf der Dorfstraße und sieht es auf vielen Schildern. Mit der Sprache werden auch die Traditionen gepflegt, hier ebenso wie im Münstertal, dem Ziel dieser Route. Auch wenn die Tour nicht sehr lang ist, kann man sich ruhig zwei Tage Zeit lassen.

Beginnt man seine Engadin-Reise in *Martina*, an der Grenze zum österreichischen Bundesland Tirol, so fällt auf, dass die Dörfer innaufwärts zunächst nicht am Fluss liegen, sondern etwas oberhalb auf einer schönen und vor Überflutungen sicheren Sonnenterrasse.

Das bemerkenswerte Dorfbild von **Sent** wird bestimmt von behäbigen Engadiner Häusern mit reichem Sgraffitoschmuck (s. S. 14) und markanten Erkern. Kleine eigenständige Kunstwerke sind sogar manche Eingangstore, deren Balken von Ornamenten übersät sind. Zahlreiche Brände in den letzten 500 Jahren erklären die verschiedenen Baustile der Bauern- und Herrschaftshäuser. Seine Blütezeit erlebte Sent im 18. und 19. Jh.; sie war primär jenen Auswanderern zu verdanken, die nach erfolgreichen Geschäftsjahren in Ita-

Bergün – bedeutender Ort am Fuß des Albulapasses

Der Landwasserviadukt bei Filisur

Engadiner Haus in Sent mit geschwungenem Barockgiebel

3
Seite 61

lien nach Hause zurückkehrten und sich aufwändige und sgraffitoverzierte Häuser bauen ließen. Besonders sehenswert ist das Haus *Chasa dals Spus* („Haus des Brautpaares") wegen seines typischen Sentergiebels, eines geschwungenen Barockgiebels mit einem kleinen Balkon und geschmiedetem Gitter.

3
Seite 61

Der Hauptort des Unterengadins, * **Bad Scuol** (1900 Einw.), ist zugleich das touristische Zentrum mit einer breiten Palette der Sommer- und Wintersportmöglichkeiten. 1993 wurde das neue Erlebnisbad *Bogn Engiadina Scuol* mit einem Dutzend Innen- und Außenbecken sowie dem ersten römisch-irischen Bad (Schwitzen in trockener und feuchter Luft) der Schweiz eröffnet (🕓 tgl. 10–22 Uhr). Es lässt die alte Tradition des Kurbadens wieder aufleben. Ebenso wie der Nachbarort Tarasp war Bad Scuol schon Anfang des 20. Jhs. berühmt für seine Heilquellen, die bei Erkrankungen von Leber, Magen, Darm und bei Stoffwechselstörungen Linderung bringen. Jahrzehntelang florierte der Badetourismus. Man baute Trinkhallen, Badehäuser und Pavillons. Von den über 20 hier entdeckten Mineralwasserquellen wurden neun gefasst, eine davon speist den Dorfbrunnen.

Eine umfangreiche Sammlung von Gebrauchsgegenständen aus dem bäuerlichen Alltag zeigt das *Museum d'Engiadina Bassa*, das in der schönen, mit Laubengängen versehenen *Chà Gronda*, dem „Großen Haus" in der Nähe der Reformierten Kirche, zu finden ist. (🕓 Mitte Mai–Juni, Okt. Di–Do 16–18; Juli–Sept. Mo, Di, Do, Fr 15–18 Uhr.)

ℹ **Scuol Tourismus,** 7550 Scuol, ☎ (081) 861 22 22, Fax 861 22 23.

Ⓗ Ⓡ **Traube,** Bad Scuol, ☎ 864 12 07, Fax 864 84 08. Das rustikale Hotel liegt in der Nähe des Erlebnisbades. Die abwechslungsreiche Küche und die erlesenen Weine sollte man nicht versäumen. $$

Ⓗ **Chasa Sofia,** Scuol, ☎ 864 87 07, Fax 864 87 03. Kleines Hotel garni in einem schönen alten Engadiner Haus. Hier gibt es hausgemachtes Birnbrot. $$

Ⓡ **Crusch Alba,** Scuol, ☎ 864 11 55. Der Keller wurde in eine Grotte mit gewölbter Decke umgestaltet und geschmackvoll eingerichtet. Allerlei Fischspezialitäten und vegetarische Gerichte. $

Auf einem Felskegel thront weithin sichtbar das * **Schloss Tarasp,** um 1094 von den Herren von Tarasp erbaut. In den folgenden Jahrhunderten wechselte es mehrfach den Besitzer, bis 1803 war es sogar österreichische Enklave. 1856 kaufte der deutsche Fabrikant Karl August Lingner aus Dresden die Liegenschaft auf, ließ sie umbauen und erweitern. Anfang des 20. Jhs. ging das Schloss infolge einer Erbschaft an den Großherzog von Hessen und ist noch heute im Besitz dieser Familie. Tarasp gehört zu den wenigen Schlössern in Graubünden, die man besichtigen kann. Die Austattung besteht aus einer Sammlung von unterschiedlichen Einzelstücken aus dem Kanton und dem benachbarten Tirol. (🕓 Führungen tgl. von Weihnachten bis Ostern, Juni bis Mitte Okt., ☎ 081/864 93 68.)

Ⓗ Ⓡ **Schlosshotel Chastè,** Tarasp, ☎ (081) 864 17 75, Fax 864 99 70. Luxuriöses Hotel mit Restaurant (Mo, Di geschl.) am Fuß des Schlosses. In der Küche des Gourmetrestaurants werden feinste Fischgerichte und Engadiner Spezialitäten zubereitet. Schöne Gartenterrasse. $$$

Für Feinschmecker lohnt sich ein Abstecher nach **Ftan** in das **Hotel Haus Paradies** (☎ 081/861 08 08; $$$). Das Spitzenrestaurant mit der 150 Jahre alten Engadiner Stube bietet täglich ein marktfrisches Gourmetmenü und nicht weniger als 400 Weine.

In die * Val S-charl

Bei Bad Scuol mündet von Süden die wilde, abgelegene Val S-charl, eines der schönsten Seitentäler des Inns.

Schon lange vor der Tourismus **S-charl** (15 km ab Scuol) entdeckte, war es ein bedeutender Ort. Hier gab es nämlich Erz-, Silber-, Blei- und sogar Goldvorkommen, was die Tiroler Landesfürsten im 14. Jh. bewog, ein Bergwerk zu betreiben. Die Blütezeit des Ortes dauerte bis in 17. Jh. Einen zweiten, bescheidenen Aufschwung erlebte der Bergbau nochmals im 19. Jh., doch die Vorkommen waren nahezu erschöpft. Eine Vorstellung vom Leben der Bergknappen unter Tage erhält man bei der Besichtigung eines ehemaligen Stollens am *Mot Madlain* im Rahmen einer geführten Wanderung, die Scuol Tourismus (☏ 081/861 22 22) einmal wöchentlich durchführt.

Das Museum d'Engiadina Bassa in Bad Scuol

Bad Scuol – seit Jahrzehnten berühmt für seine Heilquellen

Das 1997 eröffnete *Museum Schmelzra* informiert in anschaulicher Weise über die Geologie der Region, die am Piz Diavel gefundenen Saurierspuren sowie den wegen der vielen Köhlereien betriebenen Holzraubbau. Es gibt zudem einen Einblick in den Bergbau vergangener Tage.

Ein Kuriosum am Rande: Ausgestopft steht hier ein 1904 in der nahen Val Mingèr erlegter Bär. Er war der letzte Meister Petz, der in der Schweizer Bergwelt lebte. (🕓 Juni bis Okt. Di–Fr, So 14–17 Uhr.)

Der letzte Bär der Schweiz wurde 1904 bei S-charl erlegt

Ⓗ Wer in S-charl in einem der drei kleinen gemütlichen Gasthöfe übernachten möchte, sollte vorher unbedingt reservieren. Die Straße nach S-charl ist von Mai bis Oktober geöffnet, im Winter nur Pferdeschlittentransport möglich.
Gasthaus Mayor, ☏ (081) 864 14 12. Gute Küche. Ⓢ
Pension Alvetern, ☏ 864 14 03. Ⓢ
Hotel Crusch Alba, ☏ 864 14 05. Ⓢ

Die Dörfer ***Ardez** und vor allem ***Guarda** können wahrlich als Juwele des Engadins bezeichnet werden. Wie

3
Seite 61

kaum anderswo häufen sich hier die in Sgraffitotechnik überreich verzierten Häuser. In Ardez fallen u. a. das *Haus Planta* mit prächtigen Renaissancesgraffiti und die * *Chasa Clalgüna* mit zahlreichen Malereien zur biblischen Geschichte ins Auge.

Der unter Denkmaschutz stehende Ort Guarda gleicht einem Freilichtmuseum. Große Teile des Baubestandes reichen bis ins 17. Jh. zurück, und seit der gelungenen Renovierung des gesamten Ortes erhielt Guarda zahlreiche Auszeichnungen. Hier war der *Steivan Liun Könz* (1940–1997) zu Hause. Der bekannteste Sgraffitomeister im Engadin hat zahlreiche alte Kratzornamente restauriert und gleichfalls neue geschaffen. Er verstand die Fassadendekorationen als Medium des Fabelerzählens, und – um ihre Aussage zu vertiefen – setzte er sich mit Mythologie, Religion, Aberglauben, Sagen und Märchen auseinander. Eine Könz-Kreation ist beispielsweise die doppelschwänzige Nixe im römisch-irischen Bad in Scuol (s. S. 52). Könz hat Motive wie die barocken Blumenbänder, die sich an Hauskanten emporranken, wieder belebt. Sie werden sie an vielen Häusern im Engadin entdecken.

3

Seite 61

Ⓡ **Usteria Crusch Alba,** 7545 Guarda, ☎ (081) 862 21 33. An der offenen Feuerstelle mitten in dem Kellerraum werden allerlei Köstlichkeiten zubereitet, und die Kreationen wie frische Forellen oder Gemüsekompositionen von Franz Baumberger sind eine wahre Entdeckung. Mo geschl. ($)

Zernez (1474 m), an der Grenze zwischen dem *Unter-* und ** *Oberengadin* (s. S. 58) gelegen, ist das Tor zum ***Schweizerischen Nationalpark.** 1872 wurde das Dorf durch einen Großbrand fast vollständig zerstört. Nur noch an wenigen Häusern erkennt man den typischen Engadiner Baustil, heute dominieren Großbauten mit Flachdächern.

Im Jahre 1909 schloss der Schweizerische Bund für Naturschutz mit den umliegenden Gemeinden einen Pachtvertrag über ein 80 km² großes Gelände. 1914 war es dann soweit: Der erste und bis heute einzige Nationalpark der Schweiz wurde gegründet und unter den Schutz der Eidgenossenschaft gestellt. Die Leitidee war, ein Naturreservat zu schaffen, in dem Pflanzen und Tiere geschützt sind und zugleich wissenschaftlich erforscht werden können.

Hirsche, Steinböcke, Murmeltiere und Tannenhäher zählen zu den Tieren, die man bei einem Parkbesuch durchaus sehen kann, mehr Geduld benötigt man hingegen, um Kreuzottern, Grasfrösche und die unendlich vielen Kleintiere zu entdecken. Mit Erfolg wurden 1991 zwei der seit Jahrzehnten ausgerotteten Bartgeier angesiedelt, bis 1996 sind insgesamt elf ausgesetzt worden. Etwa 600 höhere Pflanzenarten gedeihen auf dem geschützten Areal, außergewöhnliche Schönheiten sind das seltene Edelweiß, der gelbe Bündner Alpenmohn und die Alpen-Bärentraube. Ein Drittel der Parkfläche ist mit Nadelwald (Arven, Lärchen, Engadiner Föhren und Fichten) bedeckt, der Bestand der Laubbäume gering.

Über 300 000 Besucher wandern jedes Jahr zwischen Mai und November durch den inzwischen 168 km² großen Nationalpark, an den sich an ein ebenfalls geschütztes Gebiet in Italien anschließt. Die ausgewiesenen Pfade dürfen nicht verlassen werden. Der Verkehrsverein Zernez organisiert von Mitte Juni bis Mitte Oktober geführte Wanderungen (☎ 081/856 13 00).

Übernachten kann man in der Ⓗ **Chamanna Cluozza** (☎ 081/856 12 35; $), einem einfachen Blockhaus mit Mehrbettzimmern und Matratzenlager, das man von Zernez aus in etwa drei Stunden erreicht.

ℹ *Informationszentrum* des Nationalparks mit interessanten Dokumen-

Originelle Sgraffitomalereien zieren die Chasa Clalgüna (Ardez)

DUMENG CLALGUNA-
IUZI ET ION CLAU ET IA
CHEN SEIS FILGS Aº 1647
QUID SIS QUID FUERIS QUID ERIS
SEMPER MEDITERIS
SIC MINUS ATQUE MINUS
PECCATIS SUBYCIERIS

tationen, Ausstellungen und einer Tonbildschau in Zernez, am Dorfausgang Richtung Ofenpass.
☏ (081) 856 13 78; ⏲ Juni–Okt. tgl. 8.30–18, Fr 8.30–21 Uhr.

700 Höhenmeter überwindet die Straße von Zernez bis zum * *Ofenpass* (2149 m), hinunter geht es dann 900 m und zwar auf kürzester Strecke in die **Val Müstair,** das Münstertal. Die Landschaft hat einen ganz eigenen Charakter und auch einen eigenen Charme. Mit dem übrigen Graubünden ist es erst seit 1872 verbunden, seit 1957 schließlich durch eine wintersichere Straße. Aufgrund seiner Abgeschiedenheit blieb es von touristischem Gigantismus verschont. Die einheimische Bevölkerung spricht Romanisch. Der kleine Ferienort **Tschierv,** was übersetzt Hirsch heißt, liegt nahe der Nationalparkgrenze. Hier ist die Landschaft noch karg, doch das ändert sich, sobald man Richtung **Fuldera** fährt, wo am Dorfrand ein wunderbarer Lärchenwald beginnt.

3

Seite 61

Das Klima ist besonders mild, da das Münstertal im Norden von hohen Bergen gegen kalte Winde geschützt und nach Süden offen ist. So wundert es nicht, dass in Fuldera auf 1638 m Äpfel oder im 1400 m hoch gelegenen Valchava Kirschen reifen.

Ein Abstecher lohnt sich hinauf nach *Lü* (1920 m), das mit seinen 60 Einwohnern zu den höchstgelegenen selbstständigen Gemeinden Europas zählt. Der grandiose Blick reicht dort vom Ofenpass bis zum Ortlermassiv in Italien. In **Valchava** sind bereits tirolerische Einflüsse in der Architektur erkennbar, wie etwa die weit vorragenden Dächer und die Fresken an den Häusern.

Hauptort des Münstertals ist **Santa Maria** am Fuß des Umbrailpasses. Hier wurde 1928 die *Webstube Val Müstair* gegründet, wo die jungen Frauen die Kunst des Handwebens erlernen konnten. Damit sich die Talbevölkerung Stoffe, Tücher und Decken leisten konnte, wurden einheimische Garne verwoben. Heute sind in der Webstube noch 18 Webstühle in Betrieb, es ist zudem möglich, den geschickten Frauen bei der Arbeit zuzuschauen. Schöne Geschenke, wie z. B. Seidenschals, Dekorationsstoffe, Handtücher und Brotsäcke, werden zum Verkauf angeboten. (⏲ Mo–Fr 8–11.30, 13–19 Uhr, Sa 8–11, 14–17 Uhr; ☏ 081/858 51 26.)

Das *** *Benediktinerinnenkloster St. Johann Baptist* in **Müstair** sollte man keinesfalls links liegen lassen. Kaum würde man in dieser abgelegenen Ecke des Landes eine solch herausragende Sehenswürdigkeit erwarten: den größten erhaltenen karolingischen Freskenzyklus, der von der UNESCO zum Weltkulturgut erklärt wurde. Er stammt wahrscheinlich von einem Meister der oberitalienischen Schule. Die um 820 entstandenen Fresken mit Szenen aus dem Leben Jesu Christi schmückten einst alle Wände, die Apsiden und die Decke der Klosterkirche, wurden aber Ende des 15. Jhs. übertüncht. Erst Mitte des 20. Jhs. erfolgte ihre Freilegung, wobei die Darstellungen an der Nordwand am besten erhalten blieben.

Im *Klostermuseum* gewinnt man anhand eines Modells einen Eindruck von der karolingischen Kirche, sieht einen Teil der abgelösten romanischen Fresken aus dem 12. Jh. sowie bemalte Holzplastiken der Gotik und des Barock. (⏲ Febr.–Juni Mo–Fr 14–17, Juli bis Okt. Mo–Fr 9–11, 14–17, So 15–17 Uhr; Führungen im Kloster vom 25. Juni bis 8. Okt. Mi 9 Uhr, 4. Juli bis 8. Aug. Mo, Fr 10 Uhr.)

Die Klostergründung geht auf das Jahr 785 zur Zeit der Regierung Karls des Großen zurück. Da im 12. Jh. das Kloster zu wenige Mönche hatte, entschloss sich der damalige Bischof von Chur, den Männerkonvent in ein Frauenkloster umzuwandeln – dies ist es auch geblieben.

Müstair ist im Übrigen die einzige katholische Gemeinde des Tals. Diese Tatsache geht auf eine denkwürdige Abstimmung zurück: Als eine Gemeindeversammlung um die Mitte des 16. Jhs. entscheiden musste, ob das Dorf protestantisch werden oder katholisch bleiben sollte, ergab die Auszählung Stimmengleichheit. Ausnahmsweise wurde der Äbtissin Barbara von Castelmur das Wahlrecht zugestanden. Sie entschied sich ohne Frage für den Katholizismus, und katholisch ist Müstair bis heute.

Guarda – ein Juwel unter den Dörfern des Unterengadins

3

Seite 61

Ⓗ Ⓡ **Chasa Chalavaina,** 7537 Müstair, ☎ (081) 858 54 68. In dem kleinen Hotel sind moderne Skulpturen mit alter Engadiner Wohnkunst kombiniert. Die kulinarischen Spezialitäten werden nach Großmutters Rezept zubereitet. Ⓢ

Chasa Capòl, Müstair, ☎ 858 57 28. Die Hotelzimmer in dem alten Engadiner Haus sind alle nach historischen Berühmtheiten benannt und sehr eigenwillig eingerichtet. Die ausgezeichnete und vielfältige Küche sowie eine große Auswahl an Südtiroler Weinen sind allein einen Besuch wert. Ⓢ

Nadelwald bedeckt weite Teile des Schweizer Nationalparks

Italien-Runde

Ein Leckerbissen für Liebhaber von Passfahrten per Auto oder Rad ist der *Umbrailpass* (2501 m). Nach extrem engen steilen Kurven erreicht man ein Hochbecken, wo die Straße zur Schotterpiste wird und man sich in die Zeit der Maultiertrecks zurückversetzt fühlt. Genau auf der Passhöhe verläuft die Grenze zu Italien.

Ähnlich abenteuerlich gestaltet sich die Fahrt über *Foscagno-* und *Eirapass*, die über Bormio weiter nach **Livigno** führen. Der zollfreie Ort erinnert ein wenig an eine zugige Goldgräberstadt im Wilden Westen. Hier kann man günstig einkaufen und italienische Küche genießen. Die Runde geht weiter durch den *Munt-la-Schera-Tunnel* (🕓 tgl. 8–20 Uhr; Maut) ins Münstertal und zurück nach Zernez (insgesamt 102 km).

Herrliche Fresken schmücken die Klosterkirche in Müstair

Route 4

Seen, Gletscher, südlicher Charme

**** Oberengadin und ** Bergell: Zernez – * St. Moritz – Maloja – * Soglio – Chiavenna (86 km)**

4

Seite 61

Seen, Gletscher, majestätische Gipfel – die Tourismusindustrie liebt die zauberhafte Landschaft des Oberengadins. Von vielen Schriftstellern und Dichtern als eines der schönsten der Welt bezeichnet, erlebte das Tal des jungen Inn im Laufe der letzten 30 Jahre jedoch einen merklichen Wandel. Die weit um sich greifende Bautätigkeit sowie der wachsende Verkehr sind an der Landschaft nicht spurlos vorbeigegangen. Die Großartigkeit des Oberengadins erlebt man am eindrucksvollsten auf einem der Höhenwege abseits von Lärm und Hektik. Eine wahre Entdeckung ist das Bergell jenseits des Malojapasses mit seinen wunderschönen Dörfern. Um alles richtig genießen zu können, sollte man drei Tage Zeit veranschlagen.

Die Straße durch das ** **Oberengadin** zwischen *Zernez* (s. S. 54) und Maloja ist stark befahren. Um die Dörfer zu entdecken, verlässt man am besten die Umgehungsstraßen, stellt das Auto am Ortsrand ab und geht zu Fuß.

Die überaus pittoresken Engadiner Dörfer *S-chanf* und vor allem * **Zuoz** (1716 m) lohnen unbedingt einen Halt. Im 12. Jh. kaufte der Bischof von Chur den Hof Zuoz, von da an war er nahezu 400 Jahre lang Mittelpunkt der bischöflichen Herrschaft im Oberengadin. Im 14. Jh. erwarb die einheimische Familie Planta verschiedene bischöfliche Ämter als Erblehen und wurde so die einflussreichste Familie der Region. 1367 kam es in Zernez zur Gründung des Gotteshausbundes (s. S. 12). Er war weniger gegen die bischöfliche Herrschaft als gegen die drohende Übermacht aus Österreich gerichtet. Als Ende des 15. Jhs. das österreichisch-kaiserliche Heer über den Cassanapass nach Zuoz zog, lag der Ort in Schutt und Asche. Die Bewohner hatten ihr Dorf angezündet und waren in die Berge geflohen.

Im Zuge des Wiederaufbaus im 16. und 17. Jh. entstanden Bürger- und Patrizierhäuser und der imposante Dorfplatz, auf dem bis ins letzte Jahrhundert die Landsgemeinde des Oberengadins abgehalten wurde. Heute finden hier Märkte und Feste statt. Große Tradition hat in Zuoz der *Chalandamarz* (s. S. 18), das Fest des Winteraustreibens, das am 1. März ausgiebig gefeiert wird.

Ⓗ **Bellaval,** Bahnhofstraße 63 a, 7524 Zuoz, ☏ (081) 854 14 81, FAX 854 31 41. Kleiner Familienbetrieb in der Nähe des Bahnhofs. Ⓢ
Ⓡ **Crusch Alva,** Hauptstraße 26, ☏ 854 13 19. Spezialitätenrestaurant des gleichnamigen Hotels in einem historischen Gebäude mitten in Zuoz, umfangreiche Weinkarte. Ⓢ
Posthotel Engiadina, ☏ 854 10 21. Drei Restaurants mit einheimischer und internationaler Küche, im Sommer schöne Terrasse. Ⓢ

In * **Bever** findet man bei der Kirche einen der schönsten Brunnenplätze der Gegend. Die Wasserstellen waren früher der Treffpunkt im bäuerlichen Alltag, die Frauen kamen zum Waschen und zum Austausch von Neuigkeiten hierher, die Tiere wurden zur Tränke geführt.

Samedan, der Hauptort des Oberengadins, hat sich ebenfalls einen heimeligen Dorfcharakter bewahrt. Historiker und Volkskundler finden im örtlichen * *Kulturarchiv Oberengadin* umfangreiches Quellenmaterial: Nachlässe und Schenkungen mit Dokumenten zu Kunst, Architektur, Sprache, Musik und Naturkunde des Tals (🕓 Juli–Sept.;

☏ 081/852 35 31). Die im Rahmen von Führungen allgemein zugängliche Sammlung ist in der *Chesa Planta* (16./18. Jh.) untergebracht. Diese war einst der Stammsitz des Samedaner Zweigs der Familie von Salis. Im selben Haus befinden sich die *Fundaziun Planta*, eine Kulturstiftung sowie die rätoromanische Bibliothek; im Sommer werden hier Romanischkurse angeboten. Dass Samedan auf der Golfsportkarte erscheint mag überraschen, aber bereits 1882 wurde hier der heute älteste Golfplatz der Schweiz eingeweiht. Auch die Privatjets auf dem Flughafen deuten darauf hin, dass der Tourismus mondänere Formen annimmt.

Haus der einflussreichen Familie Planta am Dorfplatz von Zuoz

Wer die Oberengadiner Seenplatte und das ganze Tal von Zernez bis zum Malojapass überblicken möchte, sollte mit der gut 90 Jahre alten Zahnradbahn von *Punt Muragl* hinauf nach * **Muottas Muragl** (2453 m) fahren. Das Panorama von der Terrasse des Berggasthauses ist ein wahrer Genuss, einen schöneren Aussichtspunkt wird man im Oberengadin kaum finden - erst recht nicht für den Sonnenuntergang. Und bei der guten Küche fällt es einem nicht schwer hierzubleiben, die letzte Bahn fährt zum Glück erst um 23 Uhr ins Tal. Wanderern sei bergab der „Drei-Sterne-Weg" zur *Alp Languard* (2250 m; 1,75 Std.) empfohlen; von dort erreicht man Pontresina (s. S. 68) entweder mit dem Sessellift oder zu Fuß in 45 Minuten. Im Winter kann man die gut 4 km lange Strecke zur Talstation auf einer neuen Schlittenbahn hinuntersausen.

Gemütliche Fahrt mit der Zahnradbahn nach Muottas Muragl

Bei **Celerina** thront auf einem Hügel die idyllische Kirche * *San Gian*. Mit ihrem kleinen romanischen Turm aus dem 13. Jh. und einem spätgotischen Campanile, der im 17. Jh. durch einen Blitzschlag beschädigt wurde und seitdem keinen Turmhelm mehr hat, bietet die Kirche einen ungewohnten Anblick.

Idyllisch auf einem Hügel steht die Kirche San Gian bei Celerina

4
Seite 61

Sehenswert sind im Innern die Wandmalereien sowie die bemalte Holzdecke aus dem 15. Jh., die Kunsthistoriker als eine der schönsten Graubündens bezeichnen. (🕓 Mitte Juni bis Mitte Okt. Mo 14–16, Mi 16–17.30, Fr 10.30 bis 12 Uhr.)

Hinter Celerina führt die Straße den Eiskanal des legendären **Skeletonruns** und der Bobbahn entlang. Diese waghalsigen Sportarten sind Erfindungen der Briten, die sie im Oberengadin einführten. Auf den Natureisstrecken donnern im Winter die Rennschlitten mit mehr als 100 km/h durch die Kurven. Die Skeletonfahrer jagen auf ihren 80 kg schweren Stahlschlitten – nur 20 cm über dem Eis – bei halsbrecherischen 140 km/h über die Bahn. Etwas weniger abenteuerlich sind da die Gästefahrten im Viererbob (ℹ Kurverkehrsverein St. Moritz, s. S. 62).

4

Seite 61

* **St. Moritz** (1810 m; 6000 Einw.) hat in den letzten 150 Jahren touristische Geschichte geschrieben und ist in Übersee wohl bekannter als die Schweiz. Berühmtheit erlangte es vor allem durch die Prominenz aus Politik, Film und Fernsehen, die hier ihre Ferien in nicht weniger berühmten Hotels wie z. B. Badrutt's Palace, Kulm oder Suvretta House verbringen.

Sehen und gesehen werden heißt die Devise, sei es beim Après-Ski, beim Pferderennen auf dem zugefrorenen St. Moritzer See oder an der Bobbahn. Die zahlreichen Sportveranstaltungen, man denke nur an den Engadin Skimarathon (s. S. 63) – locken Tausende von Besuchern an, ebenso das von Sils bis Pontresina reichende Skigebiet, eines der attraktivsten weit und breit.

Dass der Tourismus ein nicht immer geschmackvolles archtektonisches Imponiergehabe auslöste, ist leider nicht zu übersehen. Die wunderbare, offene Landschaft mit ihren Seen, den imposanten Bergen und den Eisgipfeln sind aber, Architektur hin oder her, eine grandiose Kulisse und gehören untrennbar zu St. Moritz.

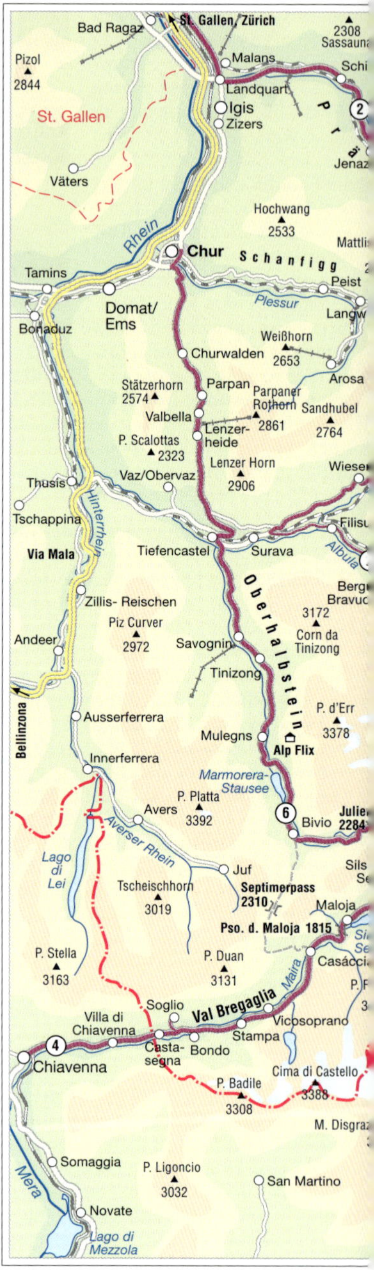

Schafberg
2456
Gaschurn
ÖSTERREICH
Bürkelkopf
3033
Gamspleisk.
2791
Mittagsspitze
Gargellen
2716
Partenen
Galltür
Greitspitze
2871
Spiss
2826
Madrisahorn
Hochmaderer
2823
Gemspleissp.
3014
Samnaun
Rotbühlspitz
2853
Saas i. Pr.
Landquart
Gr. Seehorn
3121
Madlenerspitze
2969
3399
Fluchthorn
Muttler
3294
Martina
Klosters
Silvrettahorn
3244
Piz Arina
2828
Strada
S I L V R E T T A G R U P P E
2912
Piz Spadia
Inn
1637
Wolfgangpass
2891
Roggenhorn
3312
Piz Buin
3068
P. Minschun
Ramosch/
Remüs
Pischahorn
2980
Flüelatal
Davos
Vereina-Tunnel (i. Bau)
3030
P. Cotschen
Piz Linard
3411
Ftan
Sent
U n t e r e n g a d i n
Bad
Scuol/Schuls
Dischmatal
2590
Jakobs-
horn
Flüela- Weisshorn
3085
Flüelapass
2383
Guarda
Tarasp
P. Lischana
3105
Lavin
Ardez
Schloss
Tarasp
Val S-charl
2941
Rassanerspitz
Sertigtal
Susch/Süs
3147
Schwarzhorn
3174
P. Pisoc
Piz Nuna
3124
Graubünden
Zernez
P. Plavna Dadaint
3167
S-charl
P. Sesvenna
3205
Schlinig
Hoch Ducan
3063
Piz Vadret
3229
P. Sarsura
3178
Inn
Piz Tavrü
3168
Cna. Cluozza
Nationalpark
Ofenpass
2149
Taufers
Piz Kesch
3418
Cimuos-chel
P. Quattervals
3165
Tschierv
Lü
Fuldera
Valchava
Müstair
S-chanf
Zuoz
P. Daint
2968
Val Müstair
Sta.
Maria
Madulain
Albulapass
2312
La Punt- Chamues-ch
Lago di
Livigno
2963
P. Turettas
Bever
Samedan
Umbrailpass
2501
2757
Celerina/
Schlarigna
2568
Muottas Muragl
Livigno
2932
M. Pettini
2910
Nationalpark
Stilfser Joch
P. Lavirun
3058
Pontresina
Cime di Plator
2291
Foscagnopass
St. Moritz
M. di Foscagno
2927
P. la Stretta
3104
Val Bernina
Valdidentro
Bormio
Stilfser
Silvaplana
Val Roseg
Corna di Capra
3133
M. Confidale
3370
P. Lagalb
2959
Silvaplaner
See
Flaz
Chna. da
Diavolezza
Pso. del
Bernina
Valdisotto
3439
Cima de Piazzi
S. Caterina
Valfurva
3451
Corvatsch
2973
Lago
Bianco
2328
La Rösa
M. Sobretta
3296
P. Bernina
4049
P. Palü
3905
Alp Grüm
Cima Viola
3374
Joch
3937
P. Roseg
Cavaglia
Val Poschiavo
Cime Redasco
3139
BERNINAGRUPPE
Sondalo
Poschiavo
Filo della Veglia
2854
Fusino
P. di Pietra Rossa
3283
Adda
Selva
ITALIEN
Le Prese
Lago di
Poschiavo
Miralago
Grosio
Grosotto
Chiesa
P. Painale
3248
M. Masuccio
2816
Brusio
P. Combul
2901
ROUTEN 2 - 6
N
0
10 km
Tirano

4

Seite 61

Ihrem Zauber erlagen schon viele Künstler, so der Maler *Giovanni Segantini* (1858–1899), der seine letzten Lebensjahre im Engadin und im Oberhalbstein verbrachte. Themen seiner Bilder waren das Hochgebirge und seine Menschen, so manche Motive wird man auf einem Spaziergang wiedererkennen. Die meisten Werke des Künstlers sind im * *Segantini-Museum* ausgestellt, für sein berühmtes Triptychon „Werden, Sein, Vergehen", die Einzelbilder sind jeweils 1,90 mal 3,20 m groß, wurde eigens ein Kuppelsaal gebaut (Via Somplaz 30, ☎ 833 44 54; 🕓 Di–Sa 10–12.30, 15–17 Uhr).

Gebrauchsgegenstände des Alltags sowie römische Funde aus der Gegend des Julier- und Septimerpasses führen im * *Engadiner Museum* (Via dal Bagn, Richtung St. Moritz-Bad) zurück in die Vergangenheit und vermitteln ein Bild des bäuerlichen Lebens. Neolithische und bronzezeitliche Funde belegen die Nutzung der Heilquelle Mauritius bereits vor 3000 Jahren und als Kurort hatte St. Mortiz seine Karriere Mitte des 19. Jhs. begonnen (☎ 833 43 33; 🕓 Mo–Fr 10–12, 14–17, So 10–12 Uhr).

4

Seite 61

Kurverein St. Moritz, 7500 St. Moritz, ☎ (081) 837 33 33, FAX 837 33 77; E-Mail: kvv@stmoritz.ch.

Ⓗ **Waldhaus am See,** ☎ 833 76 76, ☎ 833 88 77. Das rustikale Hotel liegt auf einer Anhöhe mit Blick auf den St. Moritzer See. Bemerkenswert: die gepflegte Küche, eine große Auswahl im Weinkeller und die größte Whisky-Bar der Schweiz. ($)
Corvatsch, ☎ 833 74 75, FAX 833 57 50. Kleines familiär geführtes Hotel mit Arvenholz-Einrichtung. ($)
Landgasthof Meierei, ☎ 833 32 42, FAX 833 88 38. Nicht nur bekannt für seine einzigartige ruhige Lage, sondern auch für seine gute Küche. ($)

Ⓡ **Mathis Food Affairs,** Bergstation Corviglia, ☎ 833 63 55. Hier kann man im Selfservice oder im À-la-carte-Restaurant speisen. Das Dessertbuffet ist eine Sünde wert. ($)–($$)

Chesa Veglia, ☎ 837 28 00. Das berühmteste Restaurant von St. Moritz serviert in einem Bauernhaus aus dem 17. Jh. neben exklusiven Menüs auch kleinere Gerichte und Engadiner Spezialitäten. Im Sommer schöner Garten. ($)
Veltlinerkeller, Via dal Bagn 11, St. Moritz-Bad, ☎ 833 40 09. Hausgemachte Pizzoccheri und Fleischspezialitäten. Gute Auswahl an italienischen Weinen. ($)

Jöhri's Talvo in Champfèr, ☎ 833 44 55, zählt zu den 100 besten Gourmetrestaurants der Schweiz. Spitzenkoch Roland Jöhri kredenzt alte Bündner Speisen in neuen Kompositionen, so z. B. Scampi mit Krautpizzoccheri oder Engadiner Gerstensuppe mit weißen Trüffeln. Sein Buch „Die Kochkunst Graubündens" (AT-Verlag, Aarau 1992) ist ein geschmackvolles Andenken. ($$)

Silvaplana (1805 m) verliert leider seinen Charme, denn während der Hauptreisezeit fahren stündlich Hunderte von Autos durch das Dorf. Pläne, Silvaplana vom Julierverkehr zu entlasten, bestehen schon lange, doch ihre Realisierung steht aus. Der touristische Aufschwung des Ortes begann 1961 mit der Eröffnung der Bahn auf den Corvatsch, eines der ersten Sommerskigebiete. Heute können Enthusiasten nur auf dem Diavolezza-Gletscher bei Pontresina in den warmen Monaten ihrer Skileidenschaft frönen. Die Corvatsch-Pisten sind mittlerweile mit den Skigebieten von Sils und St. Moritz verbunden und Teil des weitläufigen *Oberengadiner Skizirkus*. Im Sommer treffen sich die Windsurfer zu internationalen Meisterschaften auf dem *Silvaplaner See*, viele Besucher ziehen auch die Lenkdrachenfestivals an.

Kur- und Verkehrsverein, 7513 Silvaplana, ☎ (0 81) 838 60 00, FAX 838 60 09.

Ⓗ **La Staila,** ☎ 081 828 81 47, FAX 828 91 51. Hübsches Hotel in einem Engadiner Haus, schöner Garten. ($)

Bellavista, Silvaplana-Surlej, ☏ 828 81 85, 📠 828 89 88. Charmantes, ruhig gelegenes kleines Hotel, mit herrlichem Blick auf den See, Sonnenterrasse und Restaurant. (S)

Bekannt wurde **Sils** (1809 m) als Luftkurort und gewinnt nun zunehmend Wintergäste. Nehmen Sie sich hier Zeit für einen der vielen lohnenden Ausflüge, z. B. zu Fuß, mit der Pferdekutsche – oder dem Pferdeschlitten im Winter – in die romantische * *Val Fex*. Sehr reizvoll ist die Wanderung von Sils am südlichen Seeufer entlang nach *Isola* und *Maloja* (2 Std.), im Winter eignet sich die Strecke für eine Langlauftour. Ein kleiner Rekord ist zum *Silser See* zu vermerken: Er ist der höchstgelegene Schweizer See mit einer Schiffsflotte.

Im Ortsteil Sils-Maria verbrachte der Philosoph *Friedrich Wilhelm Nietzsche* (1844–1900) von 1881 bis 1888 jeweils die Sommermonate. Unzählige Wanderungen im Engadin inspirierten ihn zu seinem Werk „Also sprach Zarathustra“, das er größtenteils hier schrieb. In

St. Moritz mit seinen berühmten Hotels wie dem Badrutt's Palace

Der Silvaplaner See – Teil der Oberengadiner Seenplatte

4

Seite 60

Engadin Skimarathon – Engadin Inline Marathon

Wer kennt ihn nicht, den berühmten **Engadin Skimarathon,** den Langlaufwettbewerb über die legendäre 42-km-Strecke von Maloja nach Zuoz. Jedes Jahr Anfang März gehen mehr als 10 000 Langlaufbegeisterte und Spitzensportler an den Start, angezogen von der prächtigen Landschaft und der besonderen Atmosphäre des Rennens. 1998 wurde er zum 30. Mal ausgetragen. Nun scheint im Sommer ein weiterer sportlicher Spitzenanlass hinzuzukommen. Seit 1996 findet am ersten Juliwochenende der **Engadin Inline Marathon** statt, an dem schon beim ersten Mal 1000 Skater aus der ganzen Welt teilnahmen. Inlineskating ist längst nicht mehr nur Freitzeitvergnügen, sondern hat sich zu einer sportlichen Disziplin entwickelt. Die Rennstrecke verläuft von Maloja über St. Moritz und Pontresina nach S-chanf auf der Kantonsstraße. Der Sieger des ersten Marathons legte die 42 km in einer Stunde und neun Sekunden zurück, das entspricht einer Durchschnittsgeschwindigkeit von etwa 42 km/h. Es wird jetzt schon gemunkelt, dass diese Rekordzeit bald unterboten und die Strecke in weniger als einer Stunde zurückgelegt werden wird. Die attraktive Veranstaltung bringt Tausende von Besuchern auf die Beine, sicher auch deshalb, weil dies der einzige Tag im Jahr ist, an dem die sonst so befahrene Straße für den Verkehr gesperrt ist und man nur noch das Rollgeräusch der Skates wahrnimmt. Wer mitrollen möchte, kann weitere Informationen bei *Iguana Think Tank AG*, ☏ 📠 (0 41) 760 42 00, oder bei den Oberengadiner Verkehrsvereinen erhalten.

seinem Wohnhaus entstand ein kleines *Museum*. (🕓 Mitte Juni–Mitte Okt., Mitte Dez. bis Ostern Di–So 15–18 Uhr.)

Maloja, das letzte Dorf vor den endlosen Kurven des * *Malojapasses*, gehört administrativ bereits zum Bergell und ist italienischsprachig. Hier hatte *Giovanni Segantini* (s. S. 16) sein Atelier, (🕓 Febr.–Ostern, Juli–Okt. Di–So 15 bis 17 Uhr), auf dem kleinen Friedhof liegt er begraben.

Auf dem Weg zum *Turm Belvedere* westlich des Dorfes kommt man an zahlreichen, zum Teil riesigen * *Gletschermühlen* vorbei. Im Schmelzwasser strudelnde Steinbrocken haben im Laufe der Jahrtausende die heute sichtbaren Schlünde ausgeschliffen. Die größte Mühle ist etwa 11 m tief und hat einen Durchmesser von 7 m.

Seite 60

Diese Extravaganzen der Natur wurden 1884 beim Bau des Castell Belvedere, das allerdings nie fertiggestellt wurde, entdeckt. Geplant hatte es der belgische Graf Renesse, der aus Maloja einen Nobelkurort im Stil von St. Moritz machen wollte. Das Vorhaben scheiterte jedoch sehr bald, weil der Graf in arge finanzielle Schwierigkeiten geriet und sich schließlich das Leben nahm. Nur der Turm und der nicht zu übersehende Hotelkomplex des Maloja Palace erinnern an das gewagte Projekt.

ℹ Kur- und Verkehrsverein Maloja, 7516 Maloja, ☏ (081) 824 31 88, FAX 824 36 37.

Ⓗ **Schweizerhaus,** ☏ 824 34 55, FAX 824 33 41. Schönes, altes Haus mitten im Ort mit gemütlichen Zimmern. Spezialitäten der Küche: Grillgerichte und gebratene Forellen. $

** Bergell (Val Bregaglia)

Vom Turm Belvedere genießt man einen grandiosen Blick hinab ins Bergell, das zusammen mit dem Misox, Puschlav und dem Calancatal zu Italienischbünden gehört. Vom Malojapass (1815 m) bis ins italienische Chiavenna ist es gerade 33 km lang, der Höhenunterschied auf dieser Strecke beträgt 1500 m! Vor allem im oberen Teil windet sich die spektakuläre Straße in atemberaubenden Haarnadelkurven talwärts.

Wie ist dieses extreme Gefälle zu erklären? Der Inn, der am Piz Lunghin oberhalb von Maloja entspringt, floss vor Urzeiten durch das heutige Bergell. Dann aber bewirkten Erdbewegungen, dass sich der Lauf des Inns nach Nordosten ins Engadin verlagerte. Zugleich entstanden die steil aufschießenden Flanken des Bergells, das heute von der Maira durchflossen wird.

Dem extremen Gegensatz zum sanften Hochtal des Engadins ist es wohl zuzuschreiben, dass das Bergell noch am Anfang seiner touristischen Karriere steht, dazu kommt seine lange kulturelle Isolation aufgrund der italienischen Sprache. Aber immer mehr Reisende entdecken seinen verborgenen Reiz und genießen in den warmen Sommermonaten die Ruhe und die malerischen Dörfer, nicht zu vergessen die bizarren Felszacken, die vor allem bei Kletterern hoch im Kurs stehen. Im Winter allerdings werfen die Bergflanken lange Schatten auf das Tal.

Das Bergell, übrigens das einzige italienischsprachige Gebiet Graubündens, das überwiegend protestantisch ist, verdankt seine Eigenständigkeit maßgeblich der Reformation. Nicht allein religiöse, auch gewichtige machtpolitische Motive trieben ihre Ausbreitung voran. Jenseits von Julier- und Malojapass herrschten die (deutschprachigen) Churer Bischöfe. Und den Reformatoren ist es zuzuschreiben, dass das Italienische in vielen Lebensbereichen fest verankert ist.

Der Baustil der Häuser unterscheidet sich deutlich vom Engadin. Die Gebäude sind höher und aus solidem Mauerwerk errichtet, die Dächer werden mit Gneisplatten eingedeckt, die aus den Bergeller Steinbrüchen stammen. Einzig in Soglio stehen Häuser, bei denen Holz als Baumaterial verwendet wurde.

Wer allerdings das Bergell ausschließlich mit bergbäuerlichem Leben assoziiert, hat weit gefehlt. Prächtige Palazzi, Burgen und Türme zieren die Dörfer und erinnern daran, dass das Tal neben anderen Transitrouten bereits im Mittelalter eine wichtige Verbindungsachse zwischen Italien und Graubünden war. Dennoch zwang wirtschaftliche Not viele Bergeller, ihre Heimat zu verlassen und in der Fremde Arbeit zu suchen. Zwischen dem 16. und 19. Jh. ließen sich unzählige Bergeller Zuckerbäcker in den verschiedensten europäischen Städten nieder und gründeten ihre eigenen Geschäfte. Das Rezept für das Königsberger Marzipan aus Lübeck stammt sogar ursprünglich von den Gebrüdern Pomatti aus Castasegna (s. S. 66), die dort Ende des 19. Jhs. ein erfolgreiches Unternehmen besaßen.

Das Castell Belvedere in Maloja blieb unvollendet

4

Seite 60

Das Bergell war auch Heimat der berühmten Künstlerfamilie *Giacometti* (s. S. 16). In **Stampa** wurden nicht nur Giovanni (1868–1933) und sein Vetter Augusto (1877 bis 1947) geboren, sondern auch Alberto (1901-1966), Diego (1902–1985) sowie der heute noch lebende Architekt Bruno Giacometti, alle drei Söhne von Giovanni.

Schmelzwasser schuf die bis zu elf Meter tiefen Gletschermühlen

Im besuchenswerten *Talmuseum* und Kulturzentrum in der Ciäsa Granda, einem viergeschossigen Patrizierhaus (16. Jh.), ist der Familie Giacometti wie auch dem Maler *Varlin* (1900–1977) ein Saal gewidmet. Varlin hieß mit bürgerlichem Namen Willy Guggenheim. 1964 zog er nach ausgiebigen Wanderjahren nach Bondo, dem Geburtsort seiner Frau Franca. Hier entstanden unzählige Werke; bekannt wurde Varlin primär durch seine Schriftstellerporträts, z. B. von Max Frisch, Friedrich Dürrenmatt und Hugo Loetscher. Die umfangreiche Bibliothek enthält Urkunden und Schriften aus alter und neuer Zeit über das Bergell. (🕓 Juni bis Mitte Okt. tgl. 14–17 Uhr.)

Schloss Castelmur

Ein Werk von Augusto Giacometti, das Wandbild „Am Morgen der Auferstehung" (1914), lohnt den Blick in die * *Kirche San Pietro* in **Stampa-Coltura.**

Vom Garten des *Schlosses Castelmur* (🕓 Mitte Juni–Mitte Sept. Di–So 14 bis 17 Uhr), eines mächtigen Patrizierpalastes, den man wegen seiner edlen Innenausstattung besuchen sollte, hat man ein wunderbares Panorama.

ℹ **Ente turistico Pro Bregaglia,** 7605 Stampa, ☎ (081) 822 15 55, 📠 822 16 44.

Als luftig und etwas anstrengend erweist sich die Wanderung von Stampa nach * *Soglio* (s. u.). Der Felsplattenweg ist zwar steil, aber mit festen Schuhen gut zu bewältigen (1,5 Std.). Er trifft auf den viel begangenen **Bergeller Höhenweg,** der von Casaccia bis Soglio verläuft (5 Std.) und einen herrlichen Blick auf die steilen Granitzacken des Bergells bietet.

4

Seite 61

Von besonderem Charme ist * **Bondo** mit seinen Gässchen und Plätzen. Auch hier steht ein Palazzo der Familie von Salis, der im 18. Jh. erbaut wurde und als Landhaus diente. Die umliegenden Berge sind ein einzigartiges Kletterparadies, nicht nur die Piz-Badile-Nordwand genießt in Fachkreisen Weltruf.

Von einer herrlichen Sonnenterrasse oberhalb von Bondo blickt * **Soglio** (1088 m) über das Tal der Maira hin auf die imposanten Gipfel des Scioramassivs. Vom Ende des steilen Sträßchens muss man die letzten Meter zu Fuß ins Dorf spazieren. Doch dafür entschädigen Aussicht und Atmosphäre. Die fünf ältesten Wohnsitze der Familie *von Salis* stehen alle in Soglio, u. a. die *Casa Battista.* 1701 umgebaut, ist sie seit Beginn des 19. Jhs. ein Hotel mit einem wunderbaren historischen Garten. 1919 machte auch *Rainer Maria Rilke* hier Station.

Ⓗ **Palazzo Salis,** ☎ (081) 822 12 08, 📠 822 16 00. Hier kann man fürstlich übernachten und speisen. Geöffnet von Ostern bis Ende Oktober. $$

Pension Mürias, ☎ 822 17 37. Kleine Unterkunft mitten im Ort. $

An den sonnigen Hängen um Soglio dehnen sich große Edelkastanienwälder aus. Die Esskastanien, früher eines der Hauptnahrungsmittel dieser Region, werden nicht nur getrocknet, sondern auch zu Mehl und Teigwaren verarbeitet. Die Ⓗ Ⓡ **Stüa Granda** gilt als kulinarischer Geheimtipp. Unbedingt sollte man die mit Kastanienmehl verfeinerten Kartoffelküchlein probieren, dazu gibt es Steinpilzragout. Einfache gemütliche Zimmer, teils mit eigener Dusche. ☎ 📠 822 19 88; $

Castasegna (690 m), der kleine Grenzort zu Italien, wahrt noch seinen alten Dorfkern. Weithin bekannt wurde das ortsansässige Parfümunternehmen *Stone Perfumes.* Die Konkurrenz ist groß, doch die Parfümflacons, ein jeder aus Steinen der Region angefertigt, machen die Marke unverwechselbar. Die außergewöhnlichen Verpackungen enthalten Parfüms mit klingenden Namen wie „Engiadina", „Albigna" oder „Lunghin". Kreiert werden die Düfte von einem Parfümeur in Paris. Zu den Produkten zählen ferner Naturkosmetika, so etwa milde Ringelblumencreme. Stone-Perfumes-Laden an der Hauptstraße; 🕓 Mo–Fr 8–12, 13.30–18 Uhr.

Keine 10 km trennen Castasegna vom italienischen **Chiavenna.** Wegen seines Samstagsmarktes ist es ein beliebter Ausflugs- und Einkaufsort, nicht zuletzt auch für die Engadiner. Am zweiten Septemberwochenende werden die Felsenkeller oder *crotti,* wie sie hier heißen, zur *Sagra dei Crotti* (Volksfest) dem Publikum geöffnet. In den Kellern lagern gute Weine, Käse und Würste, die man probieren kann.

Ⓡ **Trattoria del Mercato,** Via C. Pedretti 32, Chiavenna, ☎ (0343) 32156. Kleines Lokal mit lauschiger Terrasse, gute Nudelgerichte. $

Soglio – Schmuckkästchen des Bergells

Route 5

Stufenweise in den Süden

*** Pontresina – ** Berninapass – Poschiavo – Tirano (36 km)**

Der Süden ist nah und dennoch fern. Erst wer die Kurven zu den schimmernden Eisriesen am Berninapass bezwungen hat, dem öffnet sich die liebliche Val Poschiavo (Puschlav). Italienisch ist nicht nur die Amtssprache, sondern auch der Charakter der Dörfer und Menschen, schweizerisch hingegen ihr Pass. Im Hauptort Poschiavo spürt man gerade auf dem Markt den südlichen Charme überdeutlich. Forst- und Landwirtschaft spielen im Puschlav wie seit Jahrhunderten eine wichtige Rolle, ein aufstrebender neuer Produktionszweig ist der Kräuteranbau. Als Bonbons und Tee finden die heilenden Blüten und Blätter mittlerweile weit über die Landesgrenzen hinaus besten Absatz. Ein- bis Zweitagetour.

5

Seite 61

* **Pontresina** (1805 m; 1600 Einw.) ist ein schöner Auftakt zum ** *Berninapass*. Dass hier schon vor rund 100 Jahren der Tourismus eine beträchtliche Rolle spielte, daran lassen die Hotelpaläste keinen Zweifel. Das * *Grand Hotel Kronenhof* (1850) ist einer der traditionsreichsten und architektonisch interessantesten Hotelbauten des Engadins, denn wie in einem barocken Schloss mit Ehrenhof umschließen die drei Flügel einen Garten. Seinen heutigen Namen erhielt es erst 1898, nachdem das ehemalige Gasthaus Rössli umgebaut worden war. Die kostbare, teilweise originale Innenausstattung lässt erahnen, wie vornehm die einstige Klientel zu wohnen pflegte.

Vom Bahnhof aus lohnt sich ein Abstecher in die **Val Roseg** (1,5 Std.). Das liebliche Seitental führt an den Fuß des Roseggletschers, von hier aus kann man unvergessliche Hochgebirgstouren ins Berninagebiet unternehmen. Das Tal ist für den privaten Autoverkehr gesperrt, im Sommer fahren Pferdekutschen, im Winter Schlitten.

Auf dem Weg zum Berninapass schiebt sich nun der einzige Viertausender und höchste Berg Graubündens ins Panorama des Südens. Am 13. September 1850 stand Johann Coaz als Erster auf dem 4049 m hohen Gipfel, den er **Piz Bernina** taufte. Coaz war besonders stolz darauf, dass dieser Schneeberg von einem Bündner bezwungen wurde, nachdem fast alle Schweizer Gipfel von Bergsteigern aus Großbritannien „erobert" worden waren. Höchst eindrucksvoll präsentiert sich der Viertausender von der **Diavolezza** (2973 m), auf die von *Suot* eine Seilbahn hinaufschwebt. Wer selbst einmal die bizarre Gletscherwelt aus der Nähe erleben möchte, kann von Mitte Juni bis Mitte September von der Bergstation aus an geführten Gletscherwanderungen teilnehmen (4 Std.).

Bernina-Express

Die kühne Eisenbahntrasse über den 2328 m hohen ** **Berninapass** wurde 1910 eingeweiht, sie ist eine der wenigen Strecken, die einen Pass ohne Basistunnel überquert. Da die Rhätische Bahn zunächst kein Interesse hatte, wurde die Trasse weitgehend in privater Regie realisiert. Nach anfänglichem wirtschaftlichem Erfolg geriet die Berninabahn nach dem Ersten Weltkrieg und während der darauf folgenden Wirtschaftskrise in erhebliche Schwierigkeiten. 1944 beschloss man die Fusion mit der Rhätischen Bahn. Heute ist der Bernina-Express ein Renner, eine Platzreservierung unerlässlich, selbst für die Wintermonate.

Die Bahnfahrt von St. Moritz über den Berninapass nach Tirano zählt zu den eindrucksvollsten in der Schweiz, in überwältigender Schönheit zeigt sich die Eiswelt des Berninamassivs, einer der am stärksten vergletscherten Gebirgsgruppen der Alpen. Kurz nach Pontresina eröffnet sich ein prächtiger Ausblick auf den Roseg- und Sellagletscher. Von den Bahnschleifen bei *Montebello* – treffender könnte der Name kaum sein – sieht man den mächtigen Morteratsch- und den Persgletscher. Im *Lago Bianco* beim *Ospizio Bernina* spiegelt sich der Cambrenagletscher und bei der Alp Grüm glitzert der Palügletscher im Hintergrund. Dann geht es langsam, aber sicher abwärts, nach knapp zwei Stunden erreicht man das italienische *Tirano*.

Auf eine lange Tradition blickt der Kronenhof in Pontresina zurück

* Val Poschiavo (Puschlav)

Die gut ausgebaute Berninastraße schlängelt sich nach der Passhöhe hinunter in die * Val Poschiavo – überwindet auf nur 18 km 1100 Höhenmeter. Das Tal ist eines der vielfältigsten in Graubünden. Obwohl schweizerisch, fühlt es sich kulturell eher dem italienischen Veltlin zugeneigt. Der südliche Einfluss ist aber nicht nur an der Architektur abzulesen, das bereits mediterrane Klima lässt wärmeliebende Blüten- und Nutzpflanzen gedeihen.

Die Val Roseg – Ausgangspunkt für Touren in die Gletscherwelt

Aufgrund der räumlichen Isolation müssen die Puschlaver, die zur italienischsprachigen Minderheit Graubündens gehören, einige Nachteile auf wirtschaftlicher oder kultureller Ebene in Kauf nehmen. Diese Tatsache bewog die Talbewohner im Jahr 1918, zusammen mit den ebenfalls italienischsprachigen Misoxern und Bergellern die Vereinigung „Pro Grigioni Italiano“ zu gründen. Heute steht die Pflege der Kultur im Vordergrund. Pro Grigioni gibt auch die Wochenzeitung *„Il Grigione Italiano“* heraus.

Poschiavo

Ein Ereignis werden die Bewohner des Tales bestimmt nie vergessen: Am

In 2328 m Höhe überquert die Rhätische Bahn den Berninapass

5

Seite 61

19. Juli 1987 lösten sich nach heftigen Regenfällen gewaltige Erdmassen aus der Val Varuna, die zur Überflutung von Poschiavo führten. Straßen verwandelten sich in reißende Bäche, und Häuser, die nicht nicht auf Anhöhen lagen, wurden überschwemmt. Die Schäden beliefen sich auf weit über 100 Millionen Schweizer Franken. Dank umgehender Hilfe war die Ortschaft 1990 weitgehend wieder instand gesetzt, heute sieht man von der Katastrophe praktisch keine Spuren mehr.

Als Raststation zwischen dem Veltlin und dem Engadin, an einer der wichtigen Verbindungsachsen zwischen Nord und Süd gelegen, hatte Poschiavo seit langem Bedeutung. Dennoch blieb der Ort arm. Viele Puschlaver standen als Söldner in fremden Diensten. Im Unterschied zu anderen Talbewohnern aus Graubünden wanderten sie allerdings eher nach Spanien als nach Italien aus, um Geschäfte zu eröffnen: Zuckerbäckereien, Kaffeehäuser und Schokoladenfabriken.

Seite 61

Diese Tatsache erklärt das ***Spaniolenviertel,** wo die heimgekehrten Spanien-Auswanderer prächtige Palazzi errichteten. Die neoklassizistischen Bauten entstanden Mitte des 19. Jhs. am schönsten Platz des Dorfes. Jedes Haus ist gen Süden ausgerichtet und hat drei Gärten: einen Gemüsegarten, einen Erholungs- oder Ziergarten und einen Obstgarten. Sehr südlich wirken die Mandelbäume in den Vorgärten und duftende Sträucher wie z. B. Jasmin.

Der Palazzo Mengotti aus dem 17. Jh. beherbergt das **Museo valligiano poschiavino,** das Puschlaver Talmuseum. Hier hat man die seltene Gelegenheit, einen der Prachtbauten von innen zu sehen. Die Ausstellung vergegenwärtigt das bäuerliche Leben im Tal, Bücher und Urkunden dokumentieren die Zeiten der Auswanderung. (🕓 Mitte Juni–Okt. Di 15–17, Fr 10–12 Uhr.)

Das Rathaus, die **Casa Torre,** wurde im 12. Jh. als Wohngebäude errichtet und kam Mitte des 15. Jhs. in den Besitz der Gemeinde. Mit diesem Gebäude sind tragische Ereignisse verbunden, bis Ende des 18. Jhs. fanden in der Casa Hexenprozesse statt, folterte man Angeklagte und sogar Todesurteile wurden vollstreckt.

Im Zentrum von Poschiavo steht die **Stiftskirche San Vittore.** Sie wird 824 erstmals als Taufkirche erwähnt. Der ursprünglich gotische Bau erfuhr Mitte des 17. Jhs. eine modisch barocke Umgestaltung, die jedoch Anfang des 20. Jhs. neugotisch verändert wurde. Der imposante gotisch-romanische Kirchturm ist eines der Wahrzeichen des Ortes.

Südlich der Stiftskirche steht an einem schönen Platz das **Oratorio Santa Anna,** an das man im 18. Jh. eine Vorhalle ansetzte. Es diente als Beinhaus; die Gebeine, die man jetzt dort sehen kann, wurden bei der Renovierung von San Vittore im Boden gefunden.

Im Puschlav wird gerne und gut gegessen, das Angebot an Restaurants ist groß. In den Lebensmittelgeschäften oder auf dem **Markt** in Poschiavo (Juli bis Sept. Mi 13–17 Uhr) kann man einheimische Spezialitäten kaufen, etwa Pizzoccheri aus Buchweizenmehl oder Anisbrot in Ringform, Ziegenkäse, Honig aus der Region sowie Tees von den Kräuterfeldern um Le Prese (s. S. 72).

ℹ Verkehrsverein Val Poschiavo, 7742 Poschiavo, ☎ (081) 844 05 71, FAX 844 10 27.

Der empfehlenswerte, geführte Ortsrundgang findet von Juni bis Oktober jeden Dienstag um 9.30 Uhr statt; Startpunkt Bahnhof.

H R **Suisse,** ☎ 844 07 88, FAX 844 19 67. Das bekannteste Hotel am Ort, sehr zentral, rustikale Einrichtung; einheimische Spezialitätenküche. $
Centrale, ☎ 844 01 27, FAX 844 19 85. Kleines, gemütliches Hotel in der Dorfmitte. Das Restaurant wird mit seiner kleinen, aber feinen Auswahl an lokalen und internationalen Gerichten nicht enttäuschen. $

Albergo Albrici, ☏ 844 01 73. Dieses wunderbare Gebäude wurde schon 1682 als Gasthaus erbaut. Einmalig ist der sog. Sibyllensaal aus dem 17. Jh. mit einer Kassettendecke und Sibyllengemälden. Die Zimmer sind einfach, haben aber viel Flair, dafür muss man die Etagendusche in Kauf nehmen. ($)

Kurz vor Le Prese zweigt rechts eine Straße hinauf nach Selva ab. Bevor man den Weiler auf einer Bergterrasse erreicht, fällt ein einfacher konischer Steinbau auf. Auf den ersten Blick könnte man eine Grabstätte vermuten, doch die aus groben Felsbrocken geschichteten * *Cròt* oder *Scélé* dienen als Kühlhäuser für Milch, Butter und Käse. Ein im Boden eingelassenes Wasserbecken, das von einer Quelle oder einem Bach gespeist wird, hält die Innentemperatur permanent niedrig. Die Puschlaver Crotti sind einzigartig in der Schweiz. Während andere Almbauern immer das Problem der Frischhaltung hatten, sind hier die eigenwilligen Bauten auf den Maiensässen (Frühlingsbergweiden) seit langem in Gebrauch.

Mit einer weiteren baulichen Eigentümlichkeit überrascht der Weiler **Selva:** Eine protestantische und eine katholische Kapelle stehen einander direkt gegenüber, was nicht über die Tatsache hinwegtäuschen darf, dass auch hierzulande während der Reformation im Namen der Religion viele Gräueltaten begangen wurden.

Ⓗ Ⓗ **Berghaus Selva,** ☏ (081) 844 07 46. Wer Ruhe und Abgeschiedenheit sucht und beim Abendspaziergang Rehe beobachten will, sollte hier übernachten. Neben dem Matratzenlager gibt es einige Zimmer mit oder ohne Dusche. Restaurant mit großer Sonnenterrasse. ($)

In **Le Prese** steigt einem der Duft von Pfefferminze und Zitronenmelisse in die Nase, denn hier wird Heilkräuteranbau betrieben. Die Felder mit noch vielen anderen Medizinalpflanzen bedeuten für die Einheimischen einen wichtigen Nebenerwerb. Nach den

Prächtige Palazzi kennzeichen das Spaniolenviertel in Poschiavo

Viel Flair erwartet die Gäste des Albergo Albrici in Poschiavo

Die Crotti dienten als Kühlhäuser für Milch, Butter und Käse

5
Seite 61

Grundsätzen einer biologischen Landwirtschaft verzichten die kleinen Betriebe auf jegliche Kunstdüngung und haben sich damit gute Absatzmärkte in der Naturheilmittelindustrie geschaffen. Im Juli und August kann man mittwochs um 10 Uhr von der Bahnstation aus an einer geführten Besichtigung der Anbauflächen teilnehmen (s. u.).

Le Prese am *Lago di Poschiavo* war Mitte des 19. Jhs. dank einer Schwefelquelle im See ein gefragter Kurort. Es entwickelte sich ein mondäner Bädertourismus, der den Grundstein für die weitere touristische Entwicklung des Tals legte. Als die Quelle versiegte, weil man das Wasser des Lago zur Elektrizitätsgewinnung nutzte und der Wasserspiegel ständig schwankte, waren die glorreichen Zeiten vorbei. Im ehemaligen Kurhotel „Le Prese" erinnert noch das prunkvolle Treppenhaus an den vergangenen Glanz.

Le Prese, ☏ (081) 844 03 33, FAX 844 08 35. Die meisten Zimmer haben Seeblick, die schöne Terrasse am Ufer lädt zum Verweilen ein. $$

Albergo Sport, ☏ 844 01 69, FAX 844 10 89. Sympathisches Familienhotel, liegt direkt am Bahnhof. $

Sehr reizvoll, vor allem im Frühjahr und im Sommer, ist ein Spaziergang von der Bahnstation Le Prese am östlichen Seeufer entlang bis **Miralago** und auf der Westseite zurück nach Le Prese (3 Std.).

Vom Weiler Miralago hat man – wie der Ortsname schon verrät – nicht nur einen schönen Blick auf den See, sondern auch auf das Berninagebiet.

Miralago, ☏ (081) 839 20 00, FAX 839 20 11. Die fünf Zimmer des Hotels sind ausgesprochen geschmackvoll und originell eingerichtet, das Restaurant und die Terrasse vor dem Haus eine liebenswerte Idylle. Wer hier logieren will, muss unbedingt reservieren. $$

Die Straße führt weiter ins italienische *Tirano*. Wen es wieder in die Höhe zieht, der kann über Sondrio und Chiavenna (83 km) hinauf ins ** *Bergell* fahren und über den Malojapass schließlich zurück ins ** *Oberengadin*.

5
Seite 61

Kräuter – kostbare Düfte und Aromen

Mit Heilkräutern Umsatz machen? Lange wurde diese Idee belächelt. Doch heute ist aus dem Anbau von Heilpflanzen ein ernst zu nehmender lokaler Wirtschaftszweig geworden. Die Genossenschaft *Coperme*, zu der sich die Kräuterbauern aus dem Puschlav zusammengeschlossen haben, entwickelt sich stetig und beliefert bereits einige große Schweizer Firmen der Pharamaindustrie, der Naturheilmittelproduktion und der Biokosmetik.

Die Puschlaver Heilkräuter zeichnen sich durch ihren biologischen Anbau aus, das heißt, es werden keine Chemikalien zur Düngung oder Schädlingsbekämpfung eingesetzt. Dieses Verfahren ist ausgesprochen arbeitsintensiv, außerdem müssen die Kräuter meist von Hand geerntet werden. Auch das Trocknungsverfahren – die Pflanzen enthalten bei der Ernte noch viel Wasser – ist eine Wissenschaft für sich. Teilweise werden die Blätter vor Ort zu Tee oder Bonbons verarbeitet und verkauft. Abnehmer sind nicht nur Reformhäuser in der Schweiz.

Allein vom Kräuteranbau können die Bauern im Puschlav nicht leben, sie sind aber auf einem viel versprechenden Weg. Seit die Landwirtschaftspolitik in der Schweiz einen Kurswechsel vollzogen hat und auch Biobauern maßgeblich unterstützt, öffnen sich für die Puschlaver Produzenten hoffnungsvolle Perspektiven.

Route 6

Auf klassischen Wegen

*** Chur – Lenzerheide – Tiefencastel – Savognin – Bivio – Silvaplana (71 km)**

Die Römer, bekannt als kluge und talentierte Straßenbauer, schätzten den Julierpass (2284 m) als Verbindung von Süden her nach Chur. Die Verkehrsströme des 20. Jhs. ließen den Pass, der das ganze Jahr über offen ist, zu einem Nadelöhr werden. Bestens erschlossen sind die Ferienorte entlang der Strecke; insbesondere Wintersportler und Mountainbiker kommen hier auf ihre Kosten. Wer auf etwas abgelegeneren Wegen wandern möchte, dem sei die Veja Surmirana, die „Straße mit dem Überblick“, von Bivio nach Savognin empfohlen. Von dem schönen Höhenweg aus nimmt man das Oberhalbstein aus einer völlig anderen Perspektive wahr. Tagestour.

Heilkräuteranbau im Puschlav – ein neuer Wirtschaftszweig

Bereits am Obertor in *Chur beginnt das Churwaldnertal, das von der Rabiusa durchflossen wird.

Churwalden ist bekannt ist für seine Fleischtrocknereien. Hier werden nach modernsten Methoden jährlich etwa 500 000 kg Bündner Fleisch produziert (s. S. 20), hier sind die Metzgereien Souvenirläden.

Das Hotel Le Prese bewahrt den Glanz von einst

Die gut ausgebaute Bergstraße führt weiter Richtung Süden. Nach einer kleinen Anhöhe ist *Valbella* auf 1550 m erreicht. An dieser Stelle öffnet sich das Hochtal und gewährt bereits einen Blick hinauf in das *Oberhalbstein*, das Tal von Tiefencastel bis Bivio.

Der *Oberen Straße*, wie die Verbindung von Chur über Lenzerheide Richtung Julier- und Septimerpass genannt wurde, kam vor allem Ende des 14. Jhs.

Churwalden ist für sein Bündner Fleisch bekannt

6

Seite 60

große Bedeutung zu. Damals schlossen sich die Dörfer Lenz, Churwalden, Tinizong und Bivio mit dem Bergell zu Transportgenossenschaften zusammen, welche die Waren etappenweise von Chiavenna nach Chur brachten. Als Säumer betätigten sich die Bauern, die so zu einem willkommenen Nebenerwerb kamen. Die Obere Straße stand in scharfer Konkurrenz zu anderen Passübergängen. Als 1818 die Verbindung über den Splügen- und den San-Bernardino-Pass für schwere Frachtwagen und Kutschen fahrbar gemacht wurde, geriet die Septimerstrecke ins Hintertreffen und damit verlor auch die Obere Straße ihre einstige Bedeutung. Erst 1940 verbreiterte man die Trasse und asphaltierte sie.

Lenzerheide, zusammen mit Valbella ein beliebtes Sommer- und Wintersportgebiet, erlebte seinen touristischen Aufschwung erst Mitte des 20. Jhs. Inzwischen sind die Berge im Westen und Osten durch die Seilbahnen und Liftanlagen am *Stätzerhorn* und *Parpaner Rothorn* bestens erschlossen. Von der einstigen Maiensäss-Siedlung Lenzerheide, wo die Bauern von Mai bis September lebten und arbeiteten, sieht man kaum noch etwas. Es überwiegt die im Boom der 60er Jahre hochgezogene Architektur. Eine entspannende Stunde verspricht der Spaziergang rund um den *Heidsee,* der im Sommer viele Segler und Sufer anzieht, aber auch ein willlkommenes Plätzchen zum Schwimmen ist.

6

Seite 60

Ein Tipp: die *Kunstgalerie Pesko* im Zentrum. Neben Arbeiten internationaler Künstler des 20. Jhs. werden Werke aus einheimischen Ateliers vorgestellt. (🕓 Mo–Sa 9–12, 14–18 Uhr.)

ℹ Tourismusverein Lenzerheide-Valbella, 7078 Lenzerheide, Voa Principala, ☎ (081) 384 34 34, 📠 384 53 83.

Ⓗ **Guarda Val,** Val Sporz, Lenzerheide/Lai, ☎ 384 22 14, 📠 384 46 45. Das einzige Maiensäss-Hotel der Schweiz bietet gehobenen Komfort hinter alten Holzbalken. $$$

Seehof, Voa Davos Lai, Valbella, ☎ 384 35 35, 📠 384 34 88. Modernes Hotel am Heidsee mit Sonnenterrasse. $$$

Ⓡ **Bündner Stübli,** Posthotel Valbella, Valbella, ☎ 384 12 12. In der Arvenstube wird gehobene Küche geboten, die Weinkarte ist sehr vielfältig. $$

Allegra, Hotel Schweizerhof, Lenzerheide, ☎ 384 01 11. Die Küche pflegt die alten Rezepte für Fleisch- und Fischgerichte, dazu gibt es Weine aus der Bündner Herrschaft. $

Mit 10 % Gefälle und mehr führt die Straße hinunter nach **Tiefencastel** (887 m) am Schnittpunkt der Zufahrtswege zum Albulatal einerseits sowie ins Oberhalbstein und zum Julierpass andererseits. 1892 wurde die ehemalige Passfußsiedlung durch einen Brand vollständig vernichtet.

Einen Blick auf ein frühes künstlerisches Werk erlaubt im Dorf **Mistail** (westlich von Tiefencastel) die **Kirche St. Peter.* In der zweiten Hälte des 8. Jhs. entstand der Bau mit den drei Apsiden, die Fundamente der nicht mehr erhaltenen Klosteranlage konnte man lokalisieren. Restaurierungen brachten karolingische Malereien aus der Zeit um 800 ans Licht; sie lassen eine Verbindung mit dem Klosters Müstair vermuten. Sehenswert sind zudem Fresken, u. a. eine 7 m hohe Christophorusfigur aus dem 14./15. Jh.

Kurve um Kurve windet sich die Straße zum nächsten Hochplateau hinauf. Das **Oberhalbstein** (romanisch *Surses*) hatte als Transitstrecke von jeher eine große Bedeutung, denn in *Bivio* (wörtlich „Scheideweg") trennen sich die Wege zum Septimer- und zum Julierpass. Mit der Eröffnung der Gotthardbahn im Jahre 1882 verloren die Dörfer auf einen Schlag ihre Bedeutung. Erst als 1936 die Julierstraße ausgebaut wurde, floss ein Teil des Italienverkehrs wieder über diese Route. Auch der Bau des Marmorera-Kraftwerks 1950–1954 konnte die Abwanderung der Einheimischen nicht aufhalten.

Neue Einkommensquellen wurden ab 1961 mit dem Bau der Bergbahnanlagen in **Savognin** (1207 m; 850 Einw.) geschaffen. Inzwischen ist der Ort das touristische Zentrum des Oberhalbsteins, vor allem im Winter ein frequentierter Urlaubsort. Hier endet auch der vielgerühmte Rad- und Wanderweg *Veja Surmirana* (s. S. 76), dessen Panoramen bei allen Reisenden eine einzigartige Erinnerung hinterließen.

Bereits um 800 entstand die Kirche St. Peter in Mistail

Die Landschaft des Oberhalbsteins hielt schon *Giovanni Segantini* in seinen Bildern fest, er verbrachte die Jahre 1886 bis 1894 in Savognin. Obwohl Segantinis Werk größtenteils in einem dem Maler gewidmeten Museum in St. Moritz zu sehen ist, haben die Savogniner 1975 in Erinnerung an den großen Künstler die Vereinigung Pro Segantini gegründet und das Kulturzentrum *Sala Segantini* eingerichtet. Leider ist dort kein einziges Bild des Meisters zu sehen. Aus der Not eine Tugend machten die Dorfbewohner, als sie vor ein paar Jahren – und seither regelmäßig wieder – den großen Winterparkplatz im Sommer zu einem künstlichen Badesee auffüllten, den sie *Lai Barnagn* tauften.

Savognin – touristisches Zentrum des Oberhalbsteins

Verkehrsbüro Savognin, Stradung 9, 7460 Savognin, ☎ (081) 684 22 22, FAX 684 28 21.

Romana, ☎ 684 15 44, FAX 684 37 07. Kleines Haus in ruhiger Lage. Zu Ehren von Giovanni Segantini, der vor dem Hotel gemalt haben soll, haben die Besitzer eine „Segantini-Stube" eingerichtet. ($)

Das Dorf **Tinizong** war schon zu Zeiten der Römer ein wichtiger Umschlagplatz im Passverkehr. In der nahen *Val d'Err*, dem einstigen Zentrum des Bergbaus im Oberhalbstein, wurden bereits im 14. Jh. Erze abgebaut und während der beiden Weltkriege spezielle Manganerze gewonnen, die der Stahlveredelung dienten.

Wunderschön liegt die Alp Flix

6
Seite 60

Die **Alp Flix** (2000 m) oberhalb von Sur liegt wunderschön auf einer Bergterrasse, nicht von ungefähr ist sie als Ferienort beliebt. Ihre Besiedelung geht auf prähistorische Zeit zurück, verschiedene Schlackenhalden weisen auf urzeitlichen Kupferbergbau hin. Im 14. Jh. wanderten die Walser im Oberhalbstein zu und siedelten sich auch auf der Alp Flix an. Sie blieb drei Jahrhunderte eine Dauersiedlung der „Gualsers“, wie sie auf romanisch hießen. Erst nachdem die Walser 1657 das Bürgerrecht erhalten hatten, zogen ins Tal.

Ⓗ Ⓡ **Berghaus Piz Platta,** Alp Flix, Sur, ☎ (081) 684 51 22. Das Berghaus ist im Sommer und ab Dezember den Winter über geöffnet. Man kann sich hier mit hausgemachter Gerstensuppe stärken oder auch in einfach ausgestatteten Zimmern übernachten. Ⓢ

Am Weg nach Bivio passiert man den **Marmorera-Stausee,** mit dem eine denkwürdige Geschichte verbunden ist. 1948 beschloss die Gemeindeversammlung von Marmorera, das ganze Dorf samt dem Weiler Cresta unter Wasser zu setzen und so den Bau des 85 m hohen und 400 m langen Staudamms zu ermöglichen – gegen gutes Geld, versteht sich: Marmorera war in den 30er Jahren ein Bergbauerndorf mit etwa 100 Einwohnern, das Leben war hart und die Erwerbsmöglichkeiten gering. Ende des Zweien Weltkrieges sahen viele Orte ihre Zukunft in düsteren Farben, so auch Marmorera.

6

Seite 60

Die Situation machte sich ein Abgesandter der Industriellen Betriebe der Stadt Zürich zunutze und stellte den Bewohnern Geld in Aussicht für ihre Zustimmung zum Bau des Staudamms. Die Abstimmung in der Gemeindeversammlung fiel dementsprechend aus. 1950 mussten die Bewohner umsiedeln, das Dorf wurde dem Erdboden gleichgemacht, die Talung geflutet. Noch heute ist die Gemeinde entzweit, die leidige Geschichte nicht vergessen.

Das Julierkraftwerk beliefert seither die Stadt Zürich mit dem billigsten Strom der Schweiz. Wasserzinsen und Steuern, die den Gemeinden Graubündens von den Kraftwerken jährlich zufließen, sind wichtige Einnahmequellen.

Bivio (1769 m) am Fuß des Julierpasses ist die einzige italienischsprachige Gemeinde nördlich der Alpen. Hier haben sich etliche Bergeller, aber auch Familien aus Oberitalien angesiedelt. Die alteingesessenen Bewohner sprechen einen romanischen Dialekt, der sich klar vom *Surmiran,* dem Oberhalbsteiner Romanisch, unterscheidet. Das Sprachengemisch könnte bunter nicht sein. Dies wird bei Gemeindeversammlungen deutlich, bei denen jeder Einwohner seine Sprache spricht und sich trotzdem alle verstehen.

Der kleine Ferienort ist vor allem bei Familien und Gästen beliebt, die dem Rummel des Oberengadins entgehen wollen. Das Skigebiet eignet sich gut für Anfänger.

Bivio ist auch Ausgangspunkt der herrlichen, fünfstündigen Wanderung auf der **Veja Surmirana** bis Savognin (s. S. 75). Entlang der östlichen Talseite verläuft der Weg oberhalb des Marmorera-Stausees zur Alp Flix, weiter über den *Lai Neir* (Schwarzer See) nach Colms Lantsch, einem grandiosen Aussichtspunkt über das gesamte Oberhalbstein. Durch die Val d'Err geht es dann hinunter nach Savognin, von wo aus man mit dem Postbus wieder zurück nach Bivio kommt.

ⓘ **Kur-und Verkehrsverein,** 7457 Bivio, ☎ (081) 684 53 23, FAX 684 55 58.

Ⓗ Ⓡ **Solaria,** Julierstr. 43, ☎ 684 51 07, FAX 684 52 90. Rustikales Hotel abseits der Hauptstraße, drei Restaurants, die feine italienische Gerichte wie Pizzoccheri und Risotto Solaria (mit Kalbsgeschnetzeltem) servieren. ⓈⓈ
Post, Hauptstraße, ☎ 684 52 75, FAX 684 54 02. Familienhotel mit schönen Zimmern. Freitags gibt's frische Forellen aus der Julia. ⓈⓈ

Der römisch-mittelalterliche Transportweg von Chur her verlief ab Tiefencastel am Westhang des Juliatales über die Dörfer Mon, Del, Salouf und Riom durch das Oberhalbstein. Bei Tinizong querte der Pfad das Tal nach Osten und führte durch den Wald über die Almen Digl, Platz und Flix nach Bivio.

Der **Septimerpass** ist mit 2310 m Höhe etwa gleich hoch wie der Julier, die Reisezeit ins Bergell auf dieser Strecke war hingegen etwa drei Stunden kürzer. Die Route wurde in früheren Jahrhunderten von den Churer Bischöfen, den Territorialherren des Oberhalbsteins, bevorzugt. Schon 1387 beauftragte der Churer Bischof den Bergeller Jacob de Castelmur, eine für Fuhrwerke befahrbare Straße von Tinizong über den Septimer bis nach Piuro zu bauen. Die Fahrbahn wurde nach römischem Vorbild mit Steinplatten gepflastert. 1390 war sie fertig – die erste poströmische Alpenstraße. Die historische Säumerstrecke des Septimerpasses ist heute ein Wanderweg, der von Bivio nach Casaccia im Bergell führt (5 Std.).

Auch die Römer zogen schon über den * **Julierpass** (2284 m). Zeugnis geben die zwei Specksteinsäulen auf der Passhöhe beiderseits der Straße. Im Mittelalter diente der Übergang dem Transport schwerer Lasten in nördlicher Richtung, während der Septimer mit seiner steil abfallenden Südrampe eher für eilige Sendungen von Norden nach Süden benutzt wurde. Die meisten Bündner Pässe blieben bis in die 30er Jahre des 20. Jhs. während des Winters für den Autoverkehr gesperrt, und zwar von Mitte Oktober bis Mitte Juni. Dadurch drohte der Verkehr zwischen Deutschland und Italien über Frankreich und Österreich umgeleitet zu werden. Ab dem Jahr 1933 unterstützte daher die Eidgenossenschaft den Ausbau der Pässe zu wintersicheren Transitstrecken. Der Julier ist heute ganzjährig geöffnet. Auf der kurzen Fahrt von der Julier-Passhöhe hinunter Richtung *Silvaplana* (s. S. 62) wird der Blick frei auf das Bergpanorama des ** *Oberengadins* mit dem Piz Corvatsch und der Seenplatte.

Für den Bau des Marmorera-Stausees wurde ein ganzes Dorf unter Wasser gesetzt

Römischer Meilenstein am Julierpass

Die Transitstrecke über den Julier ist ganzjährig befahrbar

6
Seite 60

Route 7

Via Mala und doch so schön

Bonaduz – Zillis – Splügen – San-Bernardino-Pass – Mesocco – Bellinzona (101 km)

Die schaurig-schöne Schlucht der Via Mala war einst das größte und gefährlichste Hindernis auf dem Weg zum San-Bernardino-Pass. Trotzdem herrscht hier seit römischer Zeit reger Betrieb. Während das Schams, die Gegend von Zillis bis Andeer, romanisch geprägt ist, dominiert weiter rheinaufwärts im Rheinwald die Walserkultur. Jenseits des San-Bernardino-Passes wird bereits italienischer Einfluss spürbar. Mit den vielen kleinen Abstechern sollte man sich für diese Route zwei Tage Zeit nehmen.

Das 10 km lange Tal des Hinterrheins zwischen *Bonaduz* und Thusis, das **Domleschg,** war eine der burgenreichsten Gegenden Europas. Die Bauten dienten der Beobachtung, während man im Tal an den Mautstellen die Wegzölle kassierte. Einige Burgen sind gut erhalten, befinden sich aber in Privatbesitz; sie sind nicht zu besichtigen.

7

Seite 81

Burg Ehrenfels nahe **Sils im Domleschg** stammt wahrscheinlich aus dem 12. Jh. Ihre Rettung vor dem Zerfall gelang 1940 mit Hilfe des Schweizer Burgenvereins, der die Mittel auftrieb, um sie zu einer Jugendherberge auszubauen.

Zu den eindrucksvollsten Anlagen gehört sicher die Burg *Hochrätien,* deren Lage oberhalb von **Thusis** am Eingang der Via Mala exponierter kaum sein könnte. Sie soll von 1000 v. Chr. bis ins ausgehende Mittelalter bewohnt gewesen sein. Hochrätien besaß eine innere und eine äußere Burg, einen viergeschossigen Bergfried und einen Mauerring. Seit annähernd 20 Jahren wird die Ruine restauriert, bereits zugänglich ist das romanische Kirchlein St. Johann.

Nach Thusis wird die Strecke entlang des Hinterrheins ausgesprochen spannend. Erster Höhepunkt ist die einst gefürchtete Schlucht der ****Via Mala,** der Literatur und Film viel Ruhm gebracht haben. So wurde z. B. der Roman „Via Mala“ von John Knittel mehrmals verfilmt, u. a. mit Gert Fröbe. Kurz nach Thusis sollte man auf jeden Fall die alte Straße Richtung Via Mala und Zillis benutzen, denn von der N 13 aus wird man wegen der vielen Tunnels nicht viel von dem engen Schlund im Schiefergestein mitbekommen.

Funde belegen, dass die „schlechte Straße“, wie Via Mala wörtlich übersetzt heißt, schon zu spätrömischer Zeit frequentiert wurde. Die Römer hatten Galerien in den Fels gehauen und zwei Holzbrücken konstruiert. Später diente der alte Via-Mala-Weg nicht nur dem Lokalverkehr. Bereits vor dem 15. Jh. zogen Kaufleute mit ihren Waren von Süden nach Norden durch die Schlucht. Der Bischof von Chur war über die allmähliche Verbreiterung und damit Wegbarkeit der Strecke keineswegs erfreut. Nur für die Septimerroute von Chiavenna über Bivio besaß er einträgliche Territorialrechte (s. S. 77).

Für die Säumer bedeutete der Engpass ein großes Risiko; Unwetter und Felsstürze verhinderten nur zu häufig ein Weiterkommen auf dem schmalen, holperigen Weg. 1470 wurde dieser auf Initiative der drei Dörfer Thusis, Cazis und Masein ausgebaut, der Transitverkehr erlebte daraufhin einen starken Aufschwung.

Heute lässt sich die Felsenenge ohne Probleme nicht nur auf der Straße überwinden, sondern auch auf einem neuen, abwechslungsreichen Wanderweg von Thusis zur Inneren Via Mala (2,5 Std.). Kernstück ist die 48 m lange, 1996 errichtete Holzbrücke über das

Traversinatobel. Diese filigrane Brückenkonstruktion wurde fertig montiert per Helikopter an ihren Bestimmungsort gesetzt. Vom Kiosk an der alten Via-Mala-Straße kann man auf 321 Stufen in die Schlucht hinabsteigen und von Stegen aus die tosenden Wassermassen bestaunen. Unerschrockene Zeitgenossen suchen sich kletternd, springend und schwimmend auf einer Canyoningtour ihren Weg durch die Schlucht (s. S. 22).

Die Via Mala – früher eine gefürchtete Schlucht

Das **Schams,** wie die Gegend zwischen Via Mala und Roflaschlucht heißt, gehört zu den Tälern, die lange mit dem Problem der Entvölkerung zu kämpfen hatten. Dafür gab es mehrere Gründe: Der Bergbau, der im 18. Jh. viele Talbewohner beschäftigt hatte, kam 1868 mangels Rentabilität gänzlich zum Stillstand. Mit dem Bau der Brenner- und Mont-Cenis-Eisenbahnlinien und der Eröffnung der Gotthardbahn 1882 versiegte der Transitverkehr auch hier. Dazu kamen die Agrarkrise des ausgehenden 19. Jhs. und die Tatsache, dass das Tal ohne Eisenbahnanschluss isoliert war. All dies nahm den Bewohnern die letzte Hoffnung auf Prosperität, die Abwanderung weiter Bevölkerungsteile war die Folge. Die Schamser suchten, im Unterschied zu anderen Bündnern, vor allem in Übersee ihr Glück. Sie folgten dem Aufruf „The West is for young men" und verdingten sich als Goldgräber in Kalifornien und Australien. Inzwischen hat sich die Einwohnerzahl etwas stabilisiert.

Das Schamser Talmuseum in Zillis zeigt den bäuerlichen Alltag

7

Seite 81

In **Zillis** öffnet sich das Tal. Kaum würde man eine kunsthistorische Kostbarkeit höchsten Ranges hier erwarten. Die *Kirche St. Martin* besitzt eine einzigartige, bemalte *** Holzdecke aus dem 12. Jh. Sie besteht aus 153 Einzelbildern mit Darstellungen skurriler Fabelwesen sowie von Szenen des Neuen Testaments. Dieses fast vollständig erhaltene Werk eines oder mehrerer unbekannter Meister der Romanik gilt als Europas älteste bemalte Kirchendecke (🕓 Mo–Sa 8–18 Uhr). Im *Kirchenmu-*

Aus 153 Einzelbildern besteht die Holzdecke von St. Martin in Zillis

seum am Postplatz werden die einzelnen Deckenbilder in einer Tonbildschau ganz ausgezeichnet kommentiert (🕓 April–Okt. tgl. 9–11.30, 13–17 Uhr).

Auch in das *Schamser Talmuseum* gleich neben der Kirche sollte man einen Blick werfen. In einem alten Schamser Haus untergebracht, versucht es eine Vorstellung vom bäuerlichen Leben im Tal zu vermitteln. (🕓 Juli, Aug. tgl. 10–12, 14–17 Uhr.)

ℹ Verkehrsverein Zillis-Schamserberg, 7432 Zillis, ☎ (081) 661 21 21, FAX 661 21 20.

Andeer, der Hauptort des Schamsertals, behielt den Charakter einer Passfuß-Siedlung, die dank des einst regen Transitverkehrs zu Wohlstand gelangte. Nicht zu übersehen sind die italienischen Einflüsse in der Architektur, beispielsweise am stattlichen *Patrizierhaus Capol* oder am *Haus Padrun* mit seinen tapisserieartigen Sgraffitodekorationen aus dem 16. Jh.

In *Pignia* auf der gegenüberliegenden östlichen Talseite entspringt die Schamser Heilquelle. Bereits im 14. Jh. stand hier ein Badehaus; seine Blütezeit als Kurort erlebte Andeer im 19. Jh. Heute sprudelt die Thermalquelle in das renovierte Bad des Dorfes.

ℹ Kur-und Verkehrsverein, 7440 Andeer, ☎ (081) 661 18 77, FAX 661 10 80.

Ⓗ **Fravi,** Veia Granda 1, ☎ 661 11 51, FAX 661 22 80. Schönes, altes, renoviertes Haus mit direktem Zugang zum Bad und romantischen Garten. ($)
Ⓡ **Weisses Kreuz,** ☎ 661 15 22. Kleines, ausgesprochen gutes Restaurant in gleichnamigen Hotel am Dorfplatz. Im Herbst exquisite Wildgerichte. ($)

Einkaufstipp: Bekannt für ihre Wurstspezialitäten und die Schamser Mortadella ist die **Metzgerei Joos** am Hauptplatz.

Abstecher: Andeer ist Ausgangspunkt für eine kleine Extratour ins *Averstal* bis hinauf nach **Juf** (2126 m; 26 km),

7

Seite 81

St. Gallen, Zürich
Hausstock
3158
3028
Vorab
Crap Masegn
2515
G L A R N E R A L P E N
Glarus
Bifertenstock
3421
Flims/
Flem
Trin
Tamins
Rhein
Chur
Domat/
Ems
Reichenau
Laax
Rheinschlucht
Bonaduz
Falera
Pigniu
Waltensburg/
Vuorz
Rueun
Valendas
Versam
Churwalden
Breil/
Brigels
Vorderrhein
Ilanz/Glion
Rabiusa
Stätzerhorn
2574
Parpan
Surselva
Valata
Acla
Tavanasa
2064
Luven
Trun
Piz Mundaun
Pitasch
Piz Fess
2880
Lenzer-
heide
Surrein
Villa
Neukirch
Sils
Val
Val Sumvitg
Vignogn
Uors
Thusis
Vaz/Obervaz
Hoch-
rätien
Lumbrein
Lumnezia
Safjen
Safiental
Tschappina
Hinterrhein
Run
Valser Rhein
Valsertal
Vrin
Piz Beverin
2998
Via Mala
Tiefencastel
Glogn
Thalkirch
Piz Aul
3121
Piz Tomül
2946
Zillis
Schams
Vals
Piz Terri
3149
Graubünden
Piz Curver
2972
Piz Scharboda
3122
Bärenhorn
2929
3039
Andeer
Rofla-
schlucht
Pignia
Alper-
schällihorn
Sufers
Splügen
Zervreilsee
2886
Valser Horn
Medels
Nufenen
Ausserferrera
Olivone
Hinterrhein
Rheinwald
Splügenpass
2113
Innerferrera
Aquila
3402
Rheinwaldhorn
2065
Passo del
San Bernardino
Pizzo Tambo
3279
P. Platta
3392
3152
Zapporthorn
Montespluga
Avers
Lottigna
San
Bernardino
Casone
Averser Rhein
Rodond
2830
Piz di Pian
3158
Lago
di
Lei
Corzoneso
Dandrio
Pianazzo
Madesimo
Tscheischhorn
3019
Juf
Pian S.
Giacomo
Liro
Valbella
Campodolcina
Chresa
Mesocco
P. Stella
3163
P. Duan
3131
Piz Corbet
3025
Pontirone
Rossa
Biasca
Soazza
Val Calanca
Soglio
Ticino
Cauco
Villa di
Chiavenna
S.- Giacomo-
Filippo
Casta-
segna
Bondo
Lostallo
Valle Mesolcina
Chiavenna
Osogna
Arvigo
Cama
ITALIEN
Buseno
Moleno
St. Maria
Claro
Castione
Pzo. Cavregasc
2535
Mera
Somaggia
P. Ligoncio
3032
Moesa
Roveredo
Gorduno
Arbedo
Lago di
Mezzola
Novate
Monte
Carasso
Bellinzona
Verceia
Dosso
del Liro
Sorico
Giubiasco
Domaso
Lago
di Como
Dubino
Mello
Gravedona
Milano
7
8

7

Seite 81

der höchstgelegenen Schweizer Gemeinde, die das ganze Jahr über bewohnt ist. Das Tal gilt als eines der charakteristischsten Siedlunggebiete der Walser. Das rauhe Klima wird von den Einheimischen kurz auf einen Nenner gebracht: Neun Monate herrscht Winter und drei Monate ist es kalt. Von Juf aus lassen sich die verschiedensten Wanderungen und Bergtouren unternehmen.

Weiter im Tal des Hinterrheins Richtung Splügen kommt man an der **Roflaschlucht** vorbei. Obwohl kaum weniger dramatisch, steht sie im Schatten der Via Mala. Über eine vor 100 Jahren in den Felsen gehauene Galerie kann man sie erkunden. An einer Stelle steht man sogar unter dem herabstürzenden Wasser des Hinterrheins. Das Gasthaus am Schluchteingang war einst die Pferdewechselstation der Säumer, die über den Septimer- und Splügenpass zogen. Im Gästebuch finden sich so illustre Namen wie Augusto Giacometti und Gert Fröbe.

Ⓗ **Roflaschlucht,** ☏ (081) 661 11 97. Einfaches, gemütliches Haus mit einer alten Stube, in der Utensilien aus der Zeit des Wegebaus durch die Schlucht aufbewahrt werden. $

Splügen (1457 m; 430 Einw.), ein sehr gut erhaltenes Walserdorf, unternimmt viele Anstrengungen, seine alte Bausubstanz zu bewahren. 831 erstmals erwähnt, wird der Ort seit dem 13. Jh. ständig bewohnt, und zwar von deutschsprachigen Walsern, die aus dem Gebiet des Monte Rosa über den San-Bernardino-Pass ins Rheinwaldtal gezogen waren. Das Dorf lebte hauptsächlich vom Warentransport und den Wegezöllen, denn der Splügenpass war zu jener Zeit eine wichtige Handels-, Militär- und Poststraße.

7 Seite 81

Eine französische Armee, die um 1800 über den Pass marschierte, plünderte den Ort. Der über Jahrhunderte erworbene Besitz der Bevölkerung war vernichtet. 1818–1823 baute der Bündner Ingenieur Lanicca die spektakuläre Straße über den Splügenpass. Der Reiseverkehr erlebte einen zweiten Aufschwung, wie auch das Gästebuch des Posthotels Bodenhaus belegt: Es verzeichnet so berühmte Persönlichkeiten wie Queen Victoria, die Prinzen von Hohenzollern und Graf Alexej Tolstoi. Die Eröffnung der Gotthardbahn im Jahr 1882 setzte dem großen Reiseverkehr über den Splügen ein unwiderrufliches Ende, viele Einheimische wanderten daraufhin aus.

Touristische Ausbaupläne im Dorf Splügen nahmen ab 1950 Formen an, dennoch ist es erst seit der Eröffnung des San-Bernardino-Tunnels 1967 ein gut besuchter Sommer- und Winterferienort. Die Geschichte der Passwege wird im *Heimatmuseum Rheinwald* eindrucksvoll belegt, Filme zeigen aussterbende bäuerliche Tätigkeiten (🕓 Di, Do, Sa 15–17 Uhr; Ostern–Ende Juni, Mitte Okt.–Mitte Dez. geschl.).

ℹ **Verkehrsverein Splügen/Rheinwald,** 7435 Splügen, ☏ (081) 650 90 30, FAX 650 90 31.

Ⓗ **Posthotel Bodenhaus,** ☏ 650 90 90, FAX 650 90 99. Das traditionsreiche Gasthaus bietet gemütliche und komfortabel eingerichtete Zimmer, das Restaurant ist für seine gute Küche bekannt. $$

Etliche große Säumerhäuser, in denen die Führer der Warentrecks wohnten und wo sie ihre Pferde und Güter unterbrachten, prägen das Bild von **Medels.** In dieser typischen Walsersiedlung mit ihren Strickbauten (wie die Blockhäuser hier genannt werden) fand bis 1850 die Landsgemeinde (s. S. 42) des Rheinwalds statt.

Den **Passo del San Bernardino** (2065 m), die Wasserscheide zwischen Rhein und Moësa, kann man entweder im Tunnel (dafür ist die Vignette erforderlich) durch- oder auf der alten Passstraße nach **San Bernardino** überqueren. Der Ort ist Ausgangspunkt des einmaligen Bergwanderweges „Sentiero Alpino“ bis Santa Maria im Calancatal (s. S. 84).

Die **Valle Mesolcina (Misox)** und die *Val Calanca* sind zu Unrecht die vergessensten italienischsprachigen Täler Graubündens. Ihre Nähe zum Tessin und zu Norditalien schwächt die Bindung zum Kanton ab, dem sie politisch angehören. Touristisch noch weitgehend unerschlossen, halten beide Täler wahre Entdeckungen bereit, das gilt sowohl für die Dörfer als auch für die Landschaft. Zahlreiche schmucke und reich ornamentierte Kirchen beweisen, dass hier außergewöhnlich begabte Architekten am Werk waren. Einige Misoxer Baumeister wie *Giovani Albertalli, Enrico Zucalli* und *Giovanni Antonio Viscardi* haben die süddeutsche Kirchenbaukunst des Früh- und Hochbarock wesentlich beeinflusst. Enrico Zucalli aus Roveredo baute u. a. in München Schloss Nymphenburg.

Das Haus Padrun in Andeer

Mehr als 1200 Höhenmeter geht es von der Passhöhe hinab bis nach **Mesocco** (766 m), wo eine der mächtigsten Burgen Graubündens steht, das ** *Castello di Mesocco* aus dem 11. Jh. Drei Wehrabschnitte verhinderten, dass dieses Bollwerk je eingenommen wurde. Eine sogenannte Vorburg erstreckte sich über den nördlichen Felsriegel hinweg, der Hauptteil umschloss das Felsplateau mit mächtigen Mauern, die stellenweise bis 5,6 m dick waren, und im innersten Ring befand sich der Palas.

Die Roflaschlucht

Im 15. Jh. ging die gesamte Valle Mesolcina samt Burg an den Mailänder Edelmann Gian Giacomo Trivulzio über. Der Widerwillen bei der Talbevölkerung gegen diesen Besitzerwechsel bewog ihn 1496, dem Grauen Bund (s. S. 12) beizutreten. Trotzdem zerstörten die Bündner 1526 weitgehend die Festung, um einem etwaigen Angreifer aus dem Süden die Möglichkeit, sich zu verschanzen zu nehmen. Erst 1922 wurden die Reste des imposanten Sitzes wieder in Stand gesetzt. Die Anlage kann nur von außen besichtigt werden.

Splügen – stattliches Walserdorf

Seite 81

Die Kirche *Santa Maria del Castello* unterhalb der Bastion enthält im Kirchenschiff bemerkenswerte Fresken aus dem 15. Jh. Sie zeigen unter anderem zwölf Monatsbilder, die auf sehr ansprechende Weise das Leben der Einwohner im Jahreslauf veranschaulichen.
Auf einer Sonnenterrasse, von Kastanienhainen umgeben, liegt **Soazza** auf 628 m. Der hübsche kleine Ort im oberen Misoxertal hat sich mit den steingedeckten Häusern viel von seiner Ursprünglichkeit bewahrt.

Ⓗ Ⓡ **Al Cacciatore,** ☎ (091) 831 18 20, FAX 831 19 79. Das ehemalige italienische Patrizierhaus wird noch von der Familie a Marca von Donatz geführt, der das Haus bereits seit dem 16. Jh. gehört. Die elegant möblierten Zimmer und der Salon erinnern an herrschaftliche Wohnkultur. Das Restaurant ist für seine italienischen Spezialitäten wie hausgemachte Teigwaren bekannt. ($)

Inzwischen trennen einen rund 1500 Höhenmeter vom San-Bernardino-Pass, was sich in der Vegetation nur zu deutlich bemerkbar macht. Edelkastanienbäume und Weinreben beherrschen zunehmend das Landschaftsbild, hier und dort spenden sogar Palmen Schatten. Von **Cama** (350 m) lohnt sich eine Wanderung nach Osten hinauf zum *Lago di Cama* auf 1265 m. Bis zur Alp di Besarden führt der Weg durch schattige Kastanienwälder. Nach einem leichten Anstieg erreicht man nach rund drei Stunden am Talende den von hohen Bergen eingerahmten See.

Bei *Roveredo* mündet von Norden das **Calancatal.** Wie das Misox verfügt es nur über eine spärliche touristische Infrastruktur. Sehenswert sind die Dörfer allemal, obwohl sie durch ihre isolierte Lage stark von der Abwanderung betroffen sind. Ein paar Autominuten später überquert man schon die Grenze zum Tessin. Die Route endet in der Kantonshauptstadt *Bellinzona*.

Wandern auf der Himmelsleiter

Die Auswahl der Wanderstrecken in der paradiesischen Landschaft Graubündens fällt sicher nicht leicht, doch unter all den vielen Routen bietet der **Sentiero Alpino** eine Möglichkeit, den konträren Charakter der alpinen Bergwelt und der mediterranen Tallandschaften zu erleben.

Die schlichte Bezeichnung „Alpiner Pfad" täuscht, denn hinter dem Namen verbirgt sich ein anspruchsvoller Gebirgsweg, den nur gut trainierte, erfahrene und schwindelfreie Bergwanderer mit guter Ausrüstung wagen sollten. Er führt in Höhen von 2000 bis 2800 m mehr oder weniger entlang dem Bergkamm, der das Calancatal vom Misox trennt. Das Faszinierende an diesem Weg ist der spektakuläre, luftige Verlauf der gut markierten Route, die Kondition, aber keine Kletterkenntnisse erfordert. Gerne wird sie auch als Himmelsleiter zwischen Misox und Calancatal bezeichnet. Ausgangspunkt ist das Dorf *San Bernardino*, nach drei bis vier Tagen erreicht man das Ziel *Santa Maria* im Calancatal. Unterwegs stehen den Wanderern drei Hütten *(rifugi)* zur Verfügung, von denen aber nur eine bewirtschaftet ist – der Rucksack kann schwer werden. Die Pian-Gran-Hütte ist etwa 3,5 Stunden von San Bernardino entfernt, das Rifugio Ganan folgt nach weiteren 5 Stunden, und bis zur komfortablen Buffalora-Hütte sind es nochmals 2,5 Stunden. Von hier benötigt man rund 7 Stunden bis Sta. Maria.

Eine genaue Beschreibung des Sentiero Alpino enthält der Wanderführer Bd. 3 des Schweizer Alpenclubs, die entsprechenden Karten (Maßstab 1:50 000) der Schweizer Landestopographie bekommt man in Buchhandlungen und anderen Geschäften vor Ort.

Seite 81

Route 8

Eigenwillige Architektur

Bündner Oberland: * Chur – * Flims – Ilanz – Sumvitg – Disentis – Oberalppass – Andermatt (84 km)

Wer Graubünden ausschließlich mit traditionell gebauten Häusern, ehrwürdigen Kirchen und Burgen verbindet, wird überrascht sein von einigen modernen Bauten, die neue Akzente setzen. Diese Route zeigt sehr anschaulich die Kontraste in der Bündner Architektur. Von der Natur geschaffen ist die Rheinschlucht, die zu den Naturdenkmälern der Schweiz gehört. Die grandiose Flusslandschaft am Vorderrhein kann man auf einer Fahrt mit der Rhätischen Bahn oder mit dem Schlauchboot wie auch einer Wanderung am besten erleben. Zwei bis drei Tage sind für die Route ideal.

Von * *Chur* aus zunächst dem Rheintal folgend, überwindet die Straße ab Reichenau die ersten Steigungen hinauf in die **Surselva,** was „über dem Wald" bedeutet, gemeinhin auch das **Bündner Oberland** genannt. Gemeint ist der Wald von Flims, der *Ual Grond*. Hier hat ein gewaltiger späteiszeitlicher Bergsturz eine herrliche Seenplatte und eine atemberaubende Flusslandschaft geschaffen. Die Surselva ist in ihrer Szenerie eine der großartigsten Gegenden Graubündens. Aber nicht nur das: Auch auf kulturellem Gebiet ist sie sehr aktiv. Das beginnt bei der Pflege der Sprache. In den meisten Dörfern wird noch *Sursilvan* gesprochen, eines der fünf rätoromanischen Idiome. Aus der Region stammen bekannte Schriftsteller wie etwa Flurin Spescha, die Maler Matias Spescha (s. S. 16) und Alois Carigiet (s. S. 16, 90) sowie die hochbegabte Musikerin und Sängerin Corin Curschellas (s. S. 18).

Das Calancatal kämpft mit der Abwanderung der Bewohner

Rätoromanische Sendungen strahlt das Lokalradio Ilanz aus

Die Rheinschlucht lässt sich mit der Bahn, dem Boot und zu Fuß erkunden

8

Seite 81

Ist die Sprache der Tradition verhaftet, geht die Architektur neue Wege. Ein erstes Beispiel findet man in **Trin.** Hier stehen die Solarwohnhäuser des Architekten Andrea Rüedi. Diese hüttenartigen Häuser erinnern an in den Berghang eingeschlagene Holzpfähle. Solarkollektoren und verglaste Südfronten nehmen die Sonneneinstrahlung auf, dicke Wände speichern die Wärme. 1991 lancierte der Bund das Projekt Energie 2000, das sich den Alternativenergien, wie zum Beispiel der Solarenergie, widmet. In Graubünden gewann dieses Thema große Aufmerksamkeit und verschiedene Gemeinden haben binnen weniger Jahre viel versprechende Projekte realisiert.

* Flims

Der große Ferienort wurde bereits Ende des 19. Jhs. bekannt, als man die Kur- und Seebadeanstalt Waldhaus errichtete und damit den Grundstein für die touristische Entwicklung des Ortes legte. Die Anlage – heute umbenannt in **Park Hotels Waldhaus** – gehört zu den wahrlich imposantesten Belle-Époque-Hotelbauten in den Alpen (☎ 911 01 81, 📠 911 28 04; $$$). Die Hotelhalle schmückt das lichtdurchflutete Flimser Panorama des Bergeller Malers *Giovanni Giacometti.* Er schuf es 1904 im Auftrag des damaligen Direktors.

Die **Sammlung Rudolf Olgiati** im Park des Hotels zeigt zahlreiche „Altertümer", wie der Architekt Olgiati sie nannte: Türen, Täfelungen, Truhen, Schränke und andere Einrichtungsgegenstände, die er zeit seines Lebens in Graubünden gesammelt hatte.

8

Seite 81

Im selben Haus ist das **Belle-Époque-Hotelmuseum** untergebracht. Hier lassen rund 1000 Gegenstände aus der Blütezeit der Schweizer Hotellerie erahnen, wie prunkvoll die Hotelambiance vor 100 Jahren war (🕓 Fr–So 16–18 Uhr).

Zunächst war Flims ein reiner Sommerferienort. Für die Kurgäste wurde oberhalb des **Caumasees** mit einer hoteleigenen Badeanstalt eigens ein Fahrstuhl errichtet, der heute noch in Betrieb ist. Nicht nur hier kann man ein erfrischendes Bad nehmen, sondern auch im **Cresta-** und im **Laaxer See,** die ganz in der Nähe liegen.

1945 begann man mit der Erschließung der Skigebiete, eine der ersten Sesselbahnen Europas wurde im selben Jahr von Flims nach Foppa gebaut. 50 Jahre später sind in der **Weißen Arena** mit mehr als 30 Anlagen die Skigebiete von Flims, Laax und Falera miteinander verbunden. Mit 225 Kilometern Abfahrtspisten ist die Weiße Arena eines der größten zusammenhängenden Skigebiete des Alpenraums.

Im Ortsbild heben sich die wuchtigen und doch vornehm wirkenden weißen **Wohnhäuser** des einheimischen Architekten *Rudolf Olgiati* (1910–1995; s. S. 14) deutlich vom Einheitsbrei der übrigen neuen Architektur ab (in den Straßen Senda Gutveina, Via las Caglias, Via Sur Punt und Via Lieptgas). Der eigensinnige, streitlustige Olgiati bekam nie den Auftrag für einen öffentlichen Bau; auf diese Weise straften ihn die Gemeindebehörden für seine Kritik am gängigen Architektur(un)verständnis.

Mit dem bekannten **Hotel Schweizerhof** (☎ 911 12 12, 📠 911 31 76; $$) blieb ein weiteres sehr schönes Beispiel der Belle Époque erhalten. Hier wuchs übrigens der bekannte Filmemacher Daniel Schmid (s. S. 18) auf. In seinem Film „Hors Saison" („Zwischensaison") schildert er seine Kindheit und das Leben im Hotel, das den Eltern gehörte.

ℹ **Flims Tourismus,** 7018 Flims-Waldhaus, ☎ (081) 920 92 00, 📠 920 92 01.

🏨 **Am Waldrand,** Flims-Waldhaus, ☎ 911 30 30, 📠 911 53 36. 24 sehr geschmackvoll eingerichtete Zimmer mit Balkon und Blick nach Süden. $$
Caumasee, F.-Waldhaus, ☎ 911 12 59, 📠 911 20 36. Ein gemütliches kleines Hotel direkt an der Bushaltestelle. $$

Guardaval, F.-Waldhaus, ☎ 911 11 19, Fax 911 11 79. Gediegene Ausstattung und Atmosphäre, wunderschöne Lage; in der Nähe der Skischulwiese. $

Ⓡ **Crap Ner,** Flims-Dorf, ☎ 911 26 26. Hier hat man sich auf Fisch spezialisiert. $
Girardino, im Hotel Adula, Flims-Waldhaus, ☎ 911 01 61. Bündner Spezialitäten, ebenso beste italienische und französische Küche. $
Con, Flims-Con, ☎ 911 35 03. Auf der Speisekarte stehen vorwiegend italienische Spezialitäten, große Salatauswahl. Die Wanderung zu dem schön gelegenen Restaurant dauert etwa eine Stunde; Pferdekutschenfahrten ab Flims-Waldhaus. $

Wuchtig und doch vornehm wirken die Olgiati-Häuser (Flims)

Giovanni Giacometti schuf das Flimser Panorama im Parkhotel Waldhaus

Im Laufe der Jahrtausende hat der Rhein einen tiefen Graben in die Schuttmassen des Bergsturzes gefressen. Die ***Rheinschlucht** *(Ruinaulta)* ist eine der urtümlichsten Flusslandschaften der Schweiz. Bergfichtenwälder und gewaltige Erosionserscheinungen prägen das Bild.

Einen herrlichen Ausblick in die Schlucht gewährt der Wanderweg von der Bahnstation *Versam* nach *Versam-Dorf* (45 Min.). Ein anderer Spaziergang führt in einer halben Stunde von der Station *Valendas-Sagogn* durch die Schlucht ins Dorf *Valendas*.

In Ilanz und Reichenau bieten von Mitte Mai bis Ende September verschiedene Veranstalter *Schlauchbootfahrten* auf dem Vorderrhein an – ein feuchtfröhliches Vergnügen. Am besten erkundigt man sich in einem der Verkehrsbüros. Wer es gemütlicher mag, unternimmt eine Fahrt mit der Rhätischen Bahn (s. S. 25), die sich in vielen Tunnels durch den „Swiss Grand Canyon" schlängelt.

Unbekannt ist die Bedeutung der Menhire von Falera

Laax versteht sich als Mekka der Snowboarder und Topdestination der Moun-

8
Seite 81

Vals und Walser

Vermutlich im 12. Jh. kamen die ersten Walser nach Graubünden. Die Heimat der Bauern war weitestgehend das Oberwallis gewesen; die Übersiedelung hatte sie veranlasst, anderweitig nach neuem Ackerland Ausschau zu halten. Sie siedelten sich zunächst im Lugnez, Avers und im Valsertal an, wo sie Forst- und Landwirtschaft betrieben. Die ansässige rätoromanischen Bevölkerung wurde zum Teil verdrängt, zum Teil vermischte sie sich mit den deutschsprachigen Walsern. Der Rheinwald und Davos wurden Zentren der Walser.

In den unwegsamen Seitentälern begannen sie die Wälder zu roden, das Holz diente als Baumaterial. Die Streusiedlungen mit den Häusern aus massiven Rundhölzern und den ausladenden Dächern sind noch heute markante Merkmale der Walserkultur. Als eine weitgehend intakte und sehr schöne Walserenklave gilt das Valsertal mit dem Hauptort Vals (s. S. 89).

Zu den Weilern und Dörfern, in denen die Walserkultur lebendig geblieben ist, führt der „Große Walserweg". Er beginnt im Wallis, verläuft weiter durch das Tessin und Graubünden bis nach Vorarlberg. Einige Teilstücke des durchgängig markierten Kulturwegs verlangen Kondition und Ausdauer und können nur in den Sommermonaten begangen werden (ⓘ zum Verlauf der Route, Übernachtungsmöglichkeiten etc. bei Schweiz Tourismus, s. S. 93).

Die „Walservereinigung Graubünden" bemüht sich seit vielen Jahren um das Kulturgut sowie um die Erforschung und Erhaltung der Dialekte. In fünf Wörterbüchern werden beispielsweise die idiomatischen Unterschiede in den verschiedenen Regionen Graubündens festgehalten. Auch ist das Zusammengehörigkeitsgefühl der im ganzen Alpenraum verstreuten Walser so stark, dass sie jeden Winter Walser Skimeisterschaften durchführen. Ein Walser gewinnt dabei immer Gold!

tain- und Downhillbiker. Auf dieses überwiegend junge Publikum hat sich zu 100 Prozent das neue **Riders Palace** (☎ 921 22 22, FAX 921 22 23; $) eingestellt, ein Container-Hotel mit Zwei- bis Vierbettzimmern und einfachster Ausstattung, dafür mit PC- und Internetanschlüssen. Der Vorabgletscher auf 3000 m sowie Ski-Weltcuprennen brachten Laax weltweites Renommee.

ⓘ **Verkehrsverein Laax,** 7031 Laax, ☎ (081) 921 43 43, FAX 921 65 65.

Ⓗ **Sporthotel Signina,** ☎ 921 22 22, FAX 921 22 23. Modernes Hotel direkt an der Bergbahn Crap Sogn Gion. $

Ⓗ Ⓡ **Posta Veglia/Pöstli,** ☎ 921 44 66, FAX 921 34 00. Ein kleines, originell eingerichtetes Hotel im alten Dorfkern. Die Küche ist angenehm innovativ, die Weinkarte gepflegt. Schöner Garten. $

Abstecher: Ab Laax sollte man einen kleinen Umweg nach **Falera** einplanen. Der kleine Ferienort mit stattlichen, wohlgefügten Bauernhäusern neben modernen Apartmentanlagen liegt auf einer aussichtsreichen, sonnigen Terrasse. Mehr als rätstelhaft muten die neben der alten Dorfkiche stehenden 26 *Menhire* (Hinkelsteine) an. Die streng geometrisch angeordnete Anlage, vielleicht eine prähistorische Kultstätte, lag in einer ummauerten Hügelsiedlung.

ⓘ **Falera Tourismus,** 7153 Falera, ☎ (081) 921 30 30, FAX 921 48 30.

Ⓡ **Da Veraguth Carnetg,** Sagogn (in Richtung Ilanz), ☎ (081) 921 64 64. Das Restaurant gehört zu den 100 besten der Schweiz. Es bietet eine außergewöhnliche lokale und internationale Küche. $

8

Seite 81

Ilanz (690 m; 2600 Einw.), das Zentrum der Surselva, erhielt Ende des 13. Jhs. das Stadtrecht und nennt sich seither die „erste Stadt am Rhein". Ein Rundgang durch die gut erhaltene *Altstadt* lohnt genauso wie ein Besuch des *Museum Regiunal Surselva*, des Regionalmuseums in der Casa Carniec. Es gewährt einen guten Einblick in das frühere bäuerliche Leben der Region sowie in das lokale Handwerk. (🕓 Di, Do, Sa 14–17 Uhr.)

Das imposante neue Felsen-Thermalbad in Vals

Ins *Valsertal

Von Ilanz zweigt eine kurvenreiche Straße nach Süden ab in das von der Glion durchflossene romantische Valsertal. Es wurde zwischen dem 12. und 14. Jh. von deutschsprachigen Walsern (s. S. 88) besiedelt, die über Italien, den Hinterrhein und den heutigen Valserberg, einen Bergsattel westlich des Valser Horns, zugewandert waren.

Aus massiven Rundhölzern errichteten die Walser ihre Häuser

Das Dorf **Vals** (20 km) gilt als eine der schönsten Walsersiedlungen in Graubünden. Die kulturellen Eigenheiten des Volkes beleuchtet das *Museum Gandahus* (🕓 Mitte April–Okt.) mit interessanten Möbeln, Hausrat, Werkzeugen und einer Textilausstellung.

Bereits im 16. Jh. entdeckte man eine warme Quelle mit Heilwirkung, doch die Abgeschiedenheit des Tales verhinderte deren Nutzung. Erst 1881 wurde das erste Thermalbad erbaut, 1996 das neue **Felsen-Thermalbad* des Architekten Peter Zumthor (s. S. 14) eingeweiht. Es kann als mutige Fortsetzung alten Pioniergeists bezeichnet werden. Der ungewöhnliche Bau gleicht einem ausgehöhlten Felsblock. Die Bade- und Massageräume sind in einem Labyrinth von Hallen und Gängen untergebracht. Das extravagante Thermalbad lockt nicht nur Badende, sondern auch Architekturinteressierte an.

Über 500 Jahre alt sind die Fresken der Kirche in Waltensburg

8

Seite 81

Kur- und Verkehrsverein Vals-Valsertal, 7132 Vals, ☎ (081) 920 70 70, FAX 920 70 77.

Auf einer Anhöhe liegt der kleine, sehenswerte Ort **Waltensburg.** Die *Reformierte Pfarrkirche,* die im 11. Jh. erbaut wurde und im 16. Jh. eine spätgotische Umgestaltung erfuhr, enthält innen wie außen kostbare Wandmalereien. Die ältesten ** Fresken im Kirchenschiff – Apostelbilder und ein Passionszyklus – stammen aus dem 14. Jh. und werden dem sogenannten Waltensburger Meister zugeschrieben; sein Name ist unbekannt.

Ucliva, ☎ (081) 941 22 42, FAX 941 17 40. Hier wird mit Erfolg versucht, Ökologie und Ökonomie zu verbinden. Das genossenschaftlich geführte Hotel bietet ein familiäres Ambiente und gute Küche. ($)

Das stattliche Dorf **Trun** ist bekannt für eine geschichtsträchtige Stätte. Oberhalb des Bahnhofs liegt bei der Kapelle *Sontg'Onna* ein schönes Stück Wiese mit einem riesigen Ahornbaum. Diese Stelle kann man als die Rütliwiese der Bündner bezeichnen, denn hier wurde 1424 der Graue Bund (s. S. 12) gegründet.

Als die Österreicher versuchten, die Wege über die Alpen und die Pässe Graubündens zu erobern, gründeten zuerst die Stadt Chur und die bischöflichen Untertanen den Gotteshausbund, dann die Vorder- und Hinterrheintaler den Grauen Bund und schließlich das Prättigau, Schanfigg und die Landschaft Davos den Zehngerichtebund. 1471 schlossen sich diese drei Bünde zusammen. Auf den Fresken der Kapellentür ist die Gründung des Grauen Bundes festgehalten. Im daneben liegenden Ehrenhof, dem *Curtin d'honnur,* erinnern Gedenktafeln an Dichter, Komponisten und Sprachwissenschaftler, welche die surselvische Kultur entscheidend geprägt haben. Die Surselva hat dort also ihr Pantheon oder ihre Walhalla.

Wer sich in die Geschichte vertiefen möchte, sollte die *Cuort Ligia Grischa* besuchen, das ehemalige Rathaus des Grauen Bundes, welches ein *Heimatmuseum* beherbergt. Ein Saal ist dem einheimischen Maler Alois Carigiet (1902–1985) gewidmet, der mit seinen Zeichnungen zu den Kinderbüchern „Schellenursli" und „Flurin und Flurina" (s. S. 16) über die Landesgrenzen hinaus bekannt wurde. (🕓 15. April bis 15. Nov. Mo, Mi, Sa 14 bis 17 Uhr.)

Zu einem herausragenden Beispiel interessanter Gegenwartsarchitektur führt der Abstecher nach * **Surrein.** In dem Dorf steht das eigenwillige *Atelierhaus Jacomet* (Umbau 1988–1992), entstanden aus einer Scheune, deren Abbruch bereits beschlossene Sache war. Heute sind in der neuen alten Scheune Wohnung und Atelier des Künstlers untergebracht.

Moderne Architektur versinnbildlicht auch die ** *Kapelle Sogn Benedetg* in **Sumvitg.** Nachdem eine Lawine 1984 die mittelalterliche Kapelle im Dorf zerstört hatte, wurde 1988 an anderer Stelle ein neues, ganz und gar anderes Kirchlein errichtet. Sein Architekt, *Peter Zumthor,* ist der bekannteste und spannendste Vertreter fortschrittlichen Bauens in Graubünden. Das Besondere an der Kapelle ist, dass sie nicht im Dorf, sondern oberhalb des Ortes steht, wie ein Turm aussieht und auf elliptischem Grundriss vollständig aus Holz gebaut ist. Wenn Genialität in der Schlichtheit ihren stärksten Ausdruck findet, dann hier. Das Erlebnis der Architektur wird vertieft durch den weiten Blick auf die Surselva.

In **Disentis** (2600 Einw.) lohnt sich ein ausgiebiger Aufenthalt, denn allein für den Besuch der * *Klosteranlage* benötigt man einige Stunden. Der romanische Name von Disentis, Mustér, geht auf das griechische Wort *monasterion* (Kloster) zurück. Um das Jahr 700 errichtete der französische Eremit Sigisbert hier eine Klause. 50 Jahre später entstand das Kloster, welches im Laufe

8
Seite 81

der Jahrhunderte durch Kriegswirren mehrmals zerstört und wieder aufgebaut wurde. Seit 1285 führen die Benediktinermönche eine angesehene Schule, inzwischen dürfen auch Mädchen sie besuchen.

Sehenswert ist u.a. das *Klostermuseum*. Die kulturhistorische Ausstellung umfasst sakrale Kunstwerke, die normalerweise in den Sakristeien verborgen liegen. Die ältesten Altargeräte, Gewänder und Statuen datieren aus dem 11. Jh. Man erfährt hier vieles über die 1300-jährige Geschichte der Abtei und die Entwicklung christlichen Brauchtums. Interessant sind ferner die Textilien aus dem 14.–19. Jh. (🕓 Juni bis Okt. Di, Do, Sa 14–17, Weihnachten-Ostern Mi 14 bis 17 Uhr.)

Die grandiose *Klosterkirche*, zu Beginn des 18. Jhs. geweiht, übertrifft alle Barockkunstwerke Graubündens. Durch eine dreifache Reihe von Fenstern flutet das Licht in den weiten Raum und belebt die Stukkaturen der Wessobrunner Meister. Üppige Goldauflagen lassen Kanzel und Altäre funkeln.

Kur- und Verkehrsverein, 7180 Disentis, ☎ (081) 947 58 22, FAX 947 49 37.

Ⓗ **Parkhotel Baur,** ☎ 929 54 54, FAX 929 54 55. Das mittelgroße Hotel mit Hallenbad liegt direkt an der Talstation der Bergbahnen Disentis. ⓢ
Sporthotel Sax, ☎ 947 44 48, FAX 947 53 68. Kleines, einfaches Hotel, ruhige Lage. ⓢ
Rhätia, ☎ 947 56 26, FAX 947 57 26. Von hier hat man einen herrlichen Blick auf Berge und Dorf. ⓢ
Ⓡ **Stiva Grischa,** ☎ 947 52 36. Sehr schönes, gemütliches Restaurant in historischem Haus. Auf der Speisekarte stehen einheimische Gerichte, etwa Rindshüftplätzchen oder Polenta alla nonna, mit Käse überbackene Polenta mit geschnetzeltem Kalbfleisch. ⓢ

Die barocke Kirche des Klosters Disentis

Kostbare Textilien bewahrt das Klostermuseum von Disentis

Der Glacier-Express fährt über den Oberalppass nach Zermatt

8
Seite 80

Einkaufstipp: Handgesponnene, mit Naturfarben eingefärbte Wolle bietet die Wollkarderei (-kämmerei) im alten Dorfteil von Disentis an (☎ 947 58 59; ⌚ zu den Geschäftszeiten).

In Disentis zweigt die Straße zum *Lukmanierpass* ab, einer Verbindung ins Tessin. Mit der Einweihung der Strecke Chur–Disentis 1912 erhielt die Surselva Anschluss an das Netz der Rhätischen Bahn. 1926 begann man mit dem Bau der Furka-Oberalp-Bahn zwischen Disentis und Andermatt, die im Gegensatz zur Passstraße eine wintersichere Verbindung ins Bündner Oberland gewährleistet. Ein einzigartiges Erlebnis ist die Fahrt mit dem **Glacier-Express** (s. S. 25) von St. Moritz über den Oberalppass nach Zermatt.

Beliebter Ferienort für Familien ist **Sedrun** (1400 m) am Fuß des Oberalppasses, das dank seiner Höhe im Winter als ziemlich schneesicher gilt. Hier werden noch 20 Landwirtschaftsbetriebe im Haupterwerb geführt. Das Museum *La Truaisch* bewahrt eine wertvolle Mineraliensammlung. Viele der Kristalle und Quarze stammen aus der Surselva, wo Granit, Gneis und Glimmerschiefer die vorherrschenden Gesteine sind (⌚ Di, Fr 15–18 Uhr).

ℹ **Sedrun Tourismus,** 7188 Sedrun, ☎ (081) 949 15 15, FAX 949 15 29.

🏨 **Soliva,** Sedrun, ☎ 949 11 14, FAX 949 21 00. Kleiner, gemütlicher Familienbetrieb im Dorfzentrum. ($)
Mira, Sedrun, ☎ 949 11 82, FAX 949 23 71. Behagliches, modernes Hotel in ruhiger Lage in der Nähe des Dorfes und des Bahnhofs. ($)

8

Seite 81

Auf den letzten Kurven zum **Oberalppass** (2045 m) durchquert man eine eher karge Landschaft. Wer sich die Quelle des Vorderrheins unterhalb des Piz Badus (2928 m) ansehen will, wandert von der Oberalppasshöhe zum *Tomasee* (Lai da Tuma; 1,5 Std.; geführte Wanderungen des Verkehrsvereins Sedrun). Jenseits der Passhöhe liegt *Andermatt* bereits im Kanton Uri.

Praktische Hinweise von A–Z

Behinderte

Über behindertengerechtes Reisen und Unterkünfte informieren der *Schweizer Invalidenverband,* Postfach, CH-4600 Olten, ☎ (062) 212 12 62, FAX 212 31 05, und *Mobility International Schweiz,* Frohburgstraße 4, CH-4600 Olten, ☎ (062) 212 71 52, FAX 212 97 67.

Devisenbestimmungen

Schweizerische und ausländische Zahlungsmittel dürfen in unbeschränkter Höhe ein- und ausgeführt werden.

Diplomatische Vertretungen

Deutschland: Botschaft: CH-3005 Bern, Willadingweg 78–83, ☎ (031) 359 41 11; ⌚ Mo–Fr 9–12 Uhr. Konsulate u. a. in Basel und Zürich.

Österreich: Botschaft: CH-3005 Bern, Kirchenfeldstraße 28, ☎ (031) 351 01 11; ⌚ Mo–Fr 9–12 Uhr. Konsulate u. a. in Basel, Chur, St. Gallen und Zürich.

Einreise

Gäste aus Deutschland und Österreich benötigen für die Einreise in die Schweiz lediglich einen Reisepass oder einen Personalausweis, sofern die Aufenthaltsdauer drei Monate nicht überschreitet. Für Kinder bis 16 Jahre, die nicht in den Pass der Eltern eingetragen sind, ist ein Kinderausweis erforderlich (ab 10 Jahre mit Foto).

Elektrizität

Die Netzspannung beträgt 220 Volt (Wechselstrom). Schukostecker sind nicht verwendbar (Adapter notwendig).

Feiertage

Als allgemeine Feiertage gelten in der Schweiz: Neujahr, Karfreitag, Ostermontag, Christi Himmelfahrt, Pfingstmontag, 1. August (Nationalfeiertag) und Weihnachten.

Konfessionelle Feiertage, die in den entsprechenden Gegenden gefeiert werden, sind: Berchtoldstag (2. Januar), Fronleichnam, Mariä Himmelfahrt (15. August), Allerheiligen (1. November), Mariä Empfängnis (8. Dezember) und Stephanstag (26. Dezember). Der 1. Mai wird nicht überall als Feiertag begangen.

Geld und Währung

Währungseinheit ist der Schweizer Franken. 1 sfr (oder Fr) = 100 Rappen (Rp oder ct). Im Umlauf sind Banknoten zu 1000, 500, 100, 50, 20, 10 sfr, Münzen zu 5, 2, 1 und 0,5 sfr sowie zu 20, 10, 5 und 1 Rp.

Geldwechsel: Die eingeführten ausländischen Zahlungsmittel werden bei Banken, Wechselstuben, in Bahnhöfen, Reisebüros und größeren Hotels in Landeswährung umgetauscht.

Bargeld: Mit dem deutschen Postsparbuch können Franken bis zum Gegenwert von höchstens 2000 DM innerhalb von 30 Tagen auf allen Postämtern abgehoben werden. Eurocheques bis zu 300 sfr werden in den meisten Schweizer Banken und bei Postämtern eingelöst. Die Landeswährung erhält man mit ec-Karte und Geheimzahl auch an zahlreichen ec-Geldautomaten.

Weit verbreitet sind die gängigen *Kreditkarten* (Eurocard, Visa).

Wechselkurs: 100 sfr = 121 DM bzw. 850 öS (Stand: Herbst 1998).

Haustiere

Für Hunde und Katzen benötigt man bei der Einreise ein amtstierärztliches Zeugnis (mindestens 30 Tage, höchstens ein Jahr alt), aus dem hervorgeht, dass das Tier gegen Tollwut geimpft ist.

Information

Auskünfte und Broschüren erhält man bei **Schweiz Tourismus:**

D-60311 **Frankfurt/M.,** Kaiserstr. 23,
☎ (0 69) 25 60 01–0, ℻ 25 60 01 10;
Bahninfos: ☎ (0 69) 25 60 01 36,
℻ 25 60 01 38;
Prospektbestellungen auf Band (rund um die Uhr): ☎ (0 69) 25 60 01 60.

A-1015 **Wien,** Kärntner Straße 20,
☎ (01) 5 12 74 05, ℻ 5 13 93 35;
Prospektbestellungen auf Band:
5 12 74 05.

CH-8027 **Zürich,** Tödistr. 7,
☎ (01) 288 11 11, ℻ 288 12 05.

Graubünden Ferien, Alexanderstraße 24, CH-7001 Chur,
☎ (081) 302 61 00, ℻ 302 14 14;
E-Mail: contact @graubuenden.ch; im Internet: http://www.graubuenden.ch.

„Gratis buchen von 8 bis 18 Uhr" heißt der Service von **Graubünden Tours** u. a. für Fahrkarten der Rhätischen Bahn, Hotels und sportliche Aktivitäten. ☎ 00 800-805 505 05 oder (00 41-81) 254 91 10, ℻ 254 91 11.

Appenzellerland Tourismus,
CH-9050 Appenzell,
☎ (071) 788 96 41, ℻ 788 96 49;
E-Mail: willy.raess@tva.ai.admin.ch.

Ostschweiz Tourismus, Bahnhofstraße 1a, CH-9001 St. Gallen,
☎ (071) 227 37 37, ℻ 227 37 67.

Weitere Informationen:
Straßen-, Verkehrsinfos: ☎ 163.
Lawinenbulletin: ☎ 187.
Wetterbericht: ☎ 162.

Krankenversicherung

Vor Reiseantritt empfiehlt es sich, bei der Krankenkasse im Heimatland nachzufragen, unter welchen Bedingungen in der Schweiz angefallende Arzt-, Krankenhaus- oder Arzneimittelkosten erstattet werden. Unter Umständen sollte man eine private Reisekrankenversicherung, die recht günstig angeboten wird, abschließen.

Notruf

Polizei: ☏ 117.
Feuerwehr: ☏ 118.
Unfallrettung: ☏ 144.
Straßenhilfe: ☏ 140.

Öffnungszeiten

Banken: Montag bis Freitag 8.30–12, 14–16.30 Uhr.

Behörden: Montag bis Freitag 8–12, 14–17 Uhr.

Post: Montag bis Freitag 7.30–12, 13.45–18, Samstag 7.30–11 Uhr.

Geschäfte: Montag bis Freitag 8–12, 13.30–18.30, Samstag 8–12, 13.30–16 Uhr; in den größeren Städten oft auch über Mittag geöffnet, Donnerstag (in Chur) oder Freitag (in St. Gallen) Abendverkauf bis 21 Uhr.

Postgebühren

Briefe und Postkarten nach Deutschland oder Österreich: bis 20 g 90 Rp, bis 50 g 1,20 sfr (Beförderungsdauer: rund 5 Tage); eilige Sendungen (Vermerk „Prioritaire") kosten 1,10 sfr bzw. 1,80 sfr.

Radio

Radio Grischa, der Sender in Nordbünden, informiert täglich um 11.45 und 16.45 Uhr in der Sendung „Agenda" über aktuelle Veranstaltungen. (Empfangsfrequenzen: 87,7–107,4 MHz.)

Radio Piz, der Sender für Südbünden, bringt täglich von 8 bis 9 Uhr in der Gästesendung „Rondelle" Wetterprognosen, Tipps für Aktivitäten und Veranstaltungen sowie im Winter einen Pisten- und Loipenbericht. (Empfangsfrequenzen: 93–104,7 MHz.)

Telefon

Vorwahl von der Schweiz ins Ausland: Deutschland 00 49, Österreich 00 43.

Die Schweiz hat von Deutschland aus die Vorwahl 00 41, von Österreich aus 0 50.

Der Mindesteinwurf bei *Münzfernsprechern* beträgt drei 20-Rappen-Münzen, in Restaurants oder Hotels muss man mit einem Aufschlag rechnen. Verbreitet sind öffentliche Fernsprecher mit Telefonkarte *(Taxcard)*, die man zu 10 oder 20 sfr bei Postämtern oder Kiosken kaufen kann. Verbilligte Tarife gelten am Samstag und Sonntag sowie werktags von 21 bis 8 Uhr.

In der Schweiz sind auch Funktelefone (D1- oder D2-Netz) einsetzbar, in vielen Bergregionen ist der Empfang jedoch schlecht oder gar unmöglich. Im Auto sind nur Mobiltelefone mit Freisprechanlagen zugelassen.

Zeitungen

Weiteste Verbreitung in der deutschsprachigen Schweiz hat das Boulevardblatt „Blick"; eine linksliberale Position verfolgt der viel gelesene „Tages-Anzeiger" aus Zürich, die berühmte „NZZ" (Neue Zürcher Zeitung) widmet sich vor allem wirtschaftlichen und kulturellen Themen. Die größte Tageszeitung in Graubünden ist „Südostschweiz", im Engadin die deutschsprachige „Engadiner Post". In St. Gallen liest man das „St. Galler Tagblatt", im Appenzell das „Appenzeller Tagblatt" oder die „Appenzeller Zeitung".

Zollvorschriften

Bei der Einreise in die Schweiz sind pro Person (ab 17 Jahre) zollfrei zugelassen: für den persönlichen Gebrauch bestimmte Gegenstände wie Kleider, Kameras, Sportgeräte, Musikinstrumente, außerdem Reiseproviant für einen Tag; Geschenke bis 100 sfr sowie 2 Liter alkoholische Getränke unter 15° und 1 Liter über 15°, 200 Zigaretten oder 50 Zigarren oder 250 g Tabak.

Bei der Wiedereinreise ins Heimatland sind pro Person (über 17 Jahre) zollfrei: 200 Zigaretten oder 50 Zigarren oder 250 g Tabak, 1 Liter Spirituosen über und 2 Liter unter 22 Vol.-% sowie Geschenke bis zu einem Gesamtwert von 350 DM bzw. 2500 öS.

Register

Orts- und Sachregister

Personenregister

Bildnachweis

Alle Fotos Ralf Freyer außer Archiv für Kunst und Geschichte, Berlin: 13/1, 17/1. Apa Publications/Bill Wassman: 45/1. Bildarchiv Steffens/Ralph Rainer Steffens: 63/1, 75/1, 77/2. Werner Dieterich: 6, 9/1, 11/2, 19/2, 23/1-2, 35/2, 45/2, 47/3, 49/2-4, 53/2, 57/2, 75/3, 77/3, 85/1. Gerold Jung: 21/1, 23/4. Dorothee Kern: 7/1-2, 15/2, 17/3, 27/1, 39/3, 43/1, 51/3, 53/1+3, 57/1, 67, 83/2. Schweiz-Tourismus/Degonda: 19/1. Imagine/Diethelm: Umschlag (Bild). Superbild/Bernd Ducke: Umschlag (Flagge).